# C.H.BECK ■ WISSEN

in der Beck'schen Reihe

W0236398

Der Schamanismus ist eines der ältesten Heilrituale der Menschheit. In seinem Zentrum steht der Schamane, der zwischen den Menschen und den Geistmächten eine Vermittlerfunktion einnimmt, um die gestörte Harmonie zwischen Mensch, Natur und Geistern wiederherzustellen. Dazu muß er eine Initiation durchlaufen, die ihn zu einem Doppelwesen, halb Mensch, halb Geist, macht. Dieses Buch will zur Versachlichung eines okkultistischen Modethemas beitragen und informiert knapp und kompetent über alle wichtigen Aspekte des Schamanismus.

*Klaus E. Müller* ist Professor em. für Ethnologie an der Universität Frankfurt. Zuletzt erschien von ihm bei C.H.Beck: „Nektar und Ambrosia. Kleine Ethnologie des Essens und Trinkens" (2003).

Klaus E. Müller

# SCHAMANISMUS

Heiler, Geister, Rituale

Verlag C.H.Beck

1. Auflage. 1997
2. Auflage. 2001
3. Auflage. 2006

4. Auflage. 2010

Originalausgabe
© Verlag C.H.Beck oHG, München 1997
Satz, Druck u. Bindung: Druckerei C.H.Beck, Nördlingen
Umschlagentwurf: Uwe Göbel, München
Printed in Germany
ISBN 978 3 406 41872 3

*www.beck.de*

# Inhalt

# Vorspiel

Vor Jahrzehntausenden lag über Europa der Kältemantel der letzten Eiszeit, des „Würm-Glazial" (ca. 40000–10000 v. Chr.). Damals traten dort die ersten Vertreter des heutigen Menschentypus, des *Homo sapiens sapiens*, auf. Ihr Dasein war fraglos nicht leicht. Sie lebten teils im Freien in Zelten oder Hütten aus Zweiggeflecht, teils unter Felsüberhängen und in Höhlen, seltener, wie in Osteuropa, in halbunterirdischen Langhäusern; gewöhnlich also in kleineren Gruppen. Ihren Unterhalt bestritten sie von der Wild- und Feldbeuterei. An vegetabilischer Sammelkost – Wurzeln, Wildgemüse, Beeren – gab es angesichts der klimatischen Bedingungen freilich nur wenig. Die Menschen lebten daher zur Hauptsache von der Jagd. Bevorzugte Beutetiere waren Ren, Wisent, Auerochse, Wildpferd, Mammut und Wollnashorn, dazu einiges Rot- und Kleinwild. Manche Gruppen spezialisierten sich auch nur auf einige von ihnen, wie Ren und Mammut.

Es handelte sich also im europäischen späteiszeitlichen „Jungpaläolithikum" um ausgesprochene *Jägerkulturen*. Das setzte voraus, daß die kleine Handvoll erwachsener Männer einer Gemeinschaft nicht nur über das nötige Jagdgeschick, Mut und Erfahrung gebot, sondern möglichst auch immer bei guter Gesundheit und Kraft war, um die besonderen Anstrengungen und Risiken der Großwildjagd bestehen zu können. Man mußte also Vorstellungen davon haben, was zu tun bzw. zu meiden war, um sich seine Leistungsfähigkeit zu erhalten. Und es bedeutete ebenso auch, daß man sich Gedanken über Natur, Eigenheiten und Verhalten der Tiere und ihr Verhältnis zum Menschen machte, um bei der Jagd keine Fehler zu begehen, auch und gerade im Umgang mit dem Hauptwild – sein „Unmut" hätte den nächsten, vielleicht allen künftigen Jagderfolg aufs Spiel setzen können.

Von dieser besonderen, geistigen Art Auseinandersetzung des damaligen Menschen mit seinen existentiellen Problemen und seiner Umwelt liegen eindrucksvolle Zeugnisse vor: Das

Jungpaläolithikum war eine Blütezeit der bildenden Kunst, von deren Schöpfungen vieles erhalten blieb. Paradebeispiele bilden die sogenannten Venusstatuetten, kleine, teils streng naturalistisch, teils stilisiert dargestellte Frauenfigürchen von voluminöser Körperlichkeit aus Stein, Knochen oder Elfenbein, mit kräftigem Unterbau, schweren hängenden Brüsten und deutlicher Schammarkierung. Sie werden zum einen als „Tiermütter" gedeutet, Geistmächte, die für Reproduktion und Erhalt des Jagdwilds verantwortlich waren, besaßen zum andern aber sichtlich auch fruchtbarkeitsmagische Bedeutung, das heißt sollten die Gebärkraft der Frauen erhöhen helfen. Dafür spricht nicht zuletzt, daß sie überall an den Wohnstellen gefunden und offenbar auch als Talismane getragen wurden. Ebenso berühmt für die Zeit sind die Malereien an den Wänden zahlreicher Höhlen in Südfrankreich und Spanien. Neben piktographischen Zeichen und geometrischen Mustern stellen sie vor allem die großen Jagdtiere (Mammut, Auerochs, Wisent usw.), daneben tiermenschliche Mischgestalten, vereinzelt auch Jagdszenen bzw. Jagdpantomimen, also Tänzer mit Tiermasken, dar. Bezeichnend ist, daß sich die Bilder fast ausnahmslos in entlegenen, häufig nur schwer erreichbaren Teilen der Höhlen befinden, häufig auch mehrfach übereinandergemalt sind: ohne Frage dienten sie kultischen Zwecken.

Die Religion scheint im Leben der Menschen eine bedeutsame Rolle gespielt zu haben. Davon zeugen auch Tieropfer, die für das Jungpaläolithikum erstmals sicher belegt sind. Zwei Gedanken standen dabei im Mittelpunkt: die Sicherung der menschlichen Fruchtbarkeit und der Jagderfolg, der wiederum den Erhalt des Wildbestandes zur Voraussetzung hatte. Beides gewährten *jenseitige* Mächte, zu denen man ein entsprechend ungetrübtes Verhältnis suchen mußte. Der kosmologische Dualismus bildete mithin, wie bei aller Religion, die unerläßliche Grundlage der Glaubenswelt. Das heißt man bedurfte einer Möglichkeit zur Kontaktnahme mit den Geistmächten der jenseitigen Welt.

Das Schlüsselkonzept dazu lieferte der *Seelenglaube*, genauer: die Vorstellung von der Existenz einer *leibunabhängigen*, spirituellen Seele, die von der Art der Geistwesen selbst war und daher imstande, mit ihnen in Verbindung zu treten. Daß er bestand, unterliegt keinem Zweifel, zumal er bereits sicher für die Neandertaler (*Homo sapiens primigenius*) des Mittel-paläolithikums (ca. 200 000–40 000 v. Chr.) belegt ist. Schon damals nämlich pflegte man, nachweislich etwa ab 70 000 v. Chr., die Verstorbenen in einer Weise zu bestatten, die zwingend den Glauben an eine Fortexistenz nach dem Tod voraussetzt. Die Praxis wurde im Jungpaläolithikum nahezu unverändert beibehalten; lediglich die Beigaben fielen differenzierter und reichlicher aus.

Ein Bindeglied zwischen Menschen und Geistmächten existierte so zwar; doch sicher davon Gebrauch zu machen, setzte voraus, daß man über einen geeigneten „Lenkmechanismus", besser noch einen Sachverständigen verfügte, der die Gabe und Übung besaß, sich seiner Seele dazu, wann immer ein Bedarfsfall entstand, im erforderlichen Sinne bedienen zu können.

In den jungpaläolithischen Höhlenmalereien finden sich gelegentlich Szenen dargestellt, in denen Männer in Tierverkleidung eine zentrale Rolle spielen. In der Höhle von Lascaux (Dordogne) ist ein Mann abgebildet, der eine Vogelkopfmaske trägt und wie tot, in seltsam verkrampfter Haltung, am Boden liegt. Unweit von ihm steht eine Stange mit einem Vogel darauf. Letzteres Motiv ist gut aus dem sibirischen Schamanismus bekannt: Der Vogel stellt entweder einen Hilfsgeist des Schamanen oder dessen eigene Seele auf der Reise ins Jenseits dar, mit Hilfe der Kostümierung zum Vogel verwandelt, während der Leib des Schamanen, bewußtlos, in Trance zurückbleibt. Sichtlich handelt es sich um die Darstellung einer schamanistischen Séance; Vogel- zählen neben Cervidenmasken noch im rezenten Schamanismus Nordasiens zu den Haupttypen der rituellen Kostümierung der Schamanen.

# I. Problematik

## 1. Gesundheit

Traditionelle Gesellschaften* standen im wesentlichen vor denselben Problemen wie ihre Vorfahren in vorgeschichtlicher Zeit. Um überleben zu können, bedurften sie ausreichender Nahrungsquellen, die auszubeuten zur Voraussetzung hatte, daß sie bei guter Gesundheit waren und über die erforderlichen Kenntnisse und Techniken verfügten. Diese wurden den Jüngeren von den Älteren übermittelt, die selbst, wenn sie die Kräfte verließen, auf die Unterstützung der Nachwachsenden angewiesen waren. Ebensoviel kam daher, um die Gruppe und ihre Kultur über die Zeiten hin am Leben zu erhalten, auf eine gesicherte Generationenfolge, auf ihre bruchlose Fortpflanzung an.

Traditioneller Anschauung nach setzte sich der Leib des Menschen aus der vergänglichen Physis, der weniger vergänglichen Vital- und der leibunabhängigen, unvergänglichen Freiseele zusammen. Die Vitalseele hielt seine organische Funktionsfähigkeit aufrecht; sie verlieh dem Körper die *Lebenskraft*. Kennzeichnend für sie waren Bewegungsvermögen, Wärmeentfaltung und Konsistenz. Man glaubte sie daher besonders konzentriert im Blut und allen stärker durchbluteten Organen, wie Herz, Leber und Nieren, in wärmeren Körperpartien, wie Mund-, Achsel-, Kniehöhle und Genitalbereich, in harten, weniger vergänglichen Bestandteilen des Körpers, wie Knochen und Zähnen, sowie in den meisten Ausscheidungen – bis auf die „unreinen", wie Kot, Urin oder Menstruationsblut –

---

* Unter dem Begriff werden im folgenden Lager- und Dorfgemeinschaften in wild- und feldbeuterischen, agrarischen und hirtennomadischen Kulturen verstanden, die zum Zeitpunkt ihrer Erforschung noch nicht oder nur kaum in Berührung mit den neuzeitlichen Industriezivilisationen gekommen waren. Ihr Leben verlief strikt im Rahmen der altüberlieferten Traditionen (daher der Terminus „traditionelle Gesellschaften"), die durch das Beispiel der Vorfahren (Ahnen) geheiligt und durch die Schöpfung sanktioniert waren und darum als unantastbar galten.

enthalten, da sie Folge von physischer oder emotionaler Bewegung bzw. Wachstum waren: in Sperma, Speichel (ausgelöst durch Kauen oder den Anblick von Appetitanregendem), Schweiß, Muttermilch, Tränen, dem Blick, Haaren und Nägeln. Die Lebensseele entschied über Leistungsvermögen – und *Fruchtbarkeit*. So bestand ein vitales Interesse daran, alles zu tun, sie zu kräftigen und zu erhalten. Das konnte geschehen durch ertüchtigende Übungen und ausreichende Erholungspausen, mehr aber noch durch den gezielten Genuß besonders krafthaltiger mineralischer, pflanzlicher und tierischer Substanzen (bestimmte Erden, Wurzeln, Körner, Früchte, Säfte, Harze, Eier, Herzen, Leber, Knochenmehl u. a. mehr) sowie vitalitätsstärkende magische Mittel.

Leben im eigentlichen, letztursächlichen Sinne jedoch verlieh dem Menschen allein die Freiseele, die ihm noch im Mutterleib, in den ersten Monaten nach der Empfängnis, von außen, das heißt vom Vater während eines Beischlafs oder von einer Geistmacht übermittelt wurde. Lokalisiert glaubte man sie gewöhnlich im Kopf unmittelbar unter der Schädeldecke. Sie galt als Sitz des Bewußtseins, als Zentrum der Gedanken- und Vorstellungsbildung, verlieh dem Menschen Erinnerung wie Imagination, Erkenntnisvermögen und Konzentrations- wie Willenskraft. Sie war entscheidend für das soziale Zusammenleben.

Während Leib und Vitalseele einen engen, unauflöslichen Funktionsverband bildeten, so daß beide, getrennt voneinander, nicht überlebensfähig gewesen wären, galt das für die Bindung der Freiseele an den Körper nur bedingtermaßen. In organischen Deaktivierungs- oder Schwächezuständen vermochte sie sich jederzeit von ihm zu lösen. Allnächtlich im Schlaf zum Beispiel trat sie aus und bewegte sich in der Umgebung des Schläfers, unter Umständen aber auch weiter fort bis selbst ins Jenseits hinein. Was sie dabei sah und erlebte, bildete den Inhalt der Traumgesichte. Diese gewisse Bindungsschwäche stellte daher immer ein besonderes Risiko dar.

Voll gesund war ein Mensch nur, wenn alle drei Hauptkonstitutionselemente, wenn Leib, Lebens- und Freiseele eine sicher geschlossene Funktionseinheit bildeten, ein Teil also die anderen durch wechselwirkende Bindung fest im Verband hielt. Das stärkte fühlbar und verlieh optimales Leistungsvermögen – die Grundlage für gutes Vorankommen und Erfolg.

Doch, wie die Erfahrung lehrte, war das nicht immer oder nur mit Einschränkungen der Fall. Traditioneller Anschauung nach konnte die Gesundheit, entsprechend der genannten „Dreielementenlehre", unmittelbar auf dreierlei Weise beeinträchtigt werden: durch Schädigungen der Physis, der Vital- und der Freiseele. In den beiden ersteren Fällen affizierten die Störungen, des engen Funktionsverbunds wegen, einander wechselweise – eine Verletzung führte zu Blutverlust, übergemäßer Energieverschleiß schwächte den Körper. *Physische* Leiden rührten von gewaltsamen Kontakten mit Fremdstofflichem her, die zu Verletzungen führten: man schnitt sich bei der Arbeit, stürzte vom Baum oder wurde von der Waffe eines Gegners getroffen. Beeinträchtigungen der *Lebenskraft*, die sich etwa in Mattigkeit, Antriebslosigkeit und nicht zuletzt dem Verlust der Fruchtbarkeit fühlbar machte, sah man durch feindselige Gefühle anderer, gebündelt und direkt übertragen zum Beispiel durch den Bösen Blick, verursacht, durch „Verunreinigung", indem man in Kontakt mit Verrottendem oder Verwesendem, also der Ausstrahlung sich zersetzender fremder Vitalseelensubstanzen kam, vor allem aber durch Zauber Mißgünstiger. Gefahr für die *Freiseele* schließlich bestand, wenn jemandem plötzlich ein „lähmender" Schreck widerfuhr, so daß die physischen Bande gleichsam kurzfristig nachgaben und die Seele, verwirrt, entkam, wenn Menschen in einen heftigen Streit und dabei „außer sich" gerieten, wenn ein übelwollender Geist Besitz von der Seele ergriff, indem er sich zu ihr in den Leib drängte oder sie auf ihren Traumreisen abfing und quälte, vielleicht gar in die Irre schickte, so daß sie nicht mehr zurückfand. Letzteres führte zu Ohnmachtsanfällen und im Extremfall zum Tod des Opfers; ersteres löste Besessenheitszustände mit ephemerem Irresein, Halluzinationen, unter Umständen anhaltende schwere Psychosen aus.

Letztursächlich jedoch sah man alle Verletzungen, Unfälle und Erkrankungen in einem eigenen oder dem Verschulden naher Angehöriger begründet. Es handelte sich um Warnsignale oder Strafakte der Ahnen und Götter dafür, daß Menschen den Jenseitigen nicht die gebührende Aufmerksamkeit bezeigt, Opfer unterlassen oder frevlerische Reden geführt, Tabus gebrochen, Regeln verletzt und damit gegen die altüberlieferten Traditionen ihrer Vorfahren, in letzter Instanz wider die heilige Schöpfungsordnung verstoßen hatten. Dazu konnten sich die jenseitigen Aufsichtsmächte ebenso eines morschen Baumes wie eines mißgünstigen Menschen oder eines Unheilsgeistes bedienen.

## 2. Fortpflanzung

Wer kinderlos, schlimmer noch ledig blieb, wurde geächtet. Er trug nicht zum Erhalt der Gruppe bei. Das eine betrachtete man wie eine Krankheit, also unter Umständen auch als Strafe, das andere als Ausdruck der Asozialität. Man heiratete vor allem, um Kinder zu haben.

Den üblichen Zeugungsvorstellungen zufolge bildeten die Basissubstanzen zum Aufbau der Leibesfrucht das Sperma des Vaters und das mütterliche Menstruationsblut. Letzteres wurde durch den – wiederholten – Beischlaf gleichsam zum „Koagulieren" gebracht, weshalb nach erfolgter Empfängnis die Regel auch ausblieb. Aus dem Blut entstanden die flüssigen und weicheren, also vergänglicheren, aus dem Sperma, das sich, wie man weithin glaubte, aus dem Mark der Wirbelsäule bildete, die festeren, widerstandsfähigeren Bestandteile des Körpers, wie Knochen und Zähne. Sein Leben aber empfing das Kind erst durch die *Beseelung*. Sie geschah notwendig auf zweierlei Weise: Die Vitalkraft wurde ihm unmittelbar über das Sperma (das sie in Höchstkonzentration enthielt), die Freiseele mittelbar und, wie schon gesagt, von außen her erst in einem späteren Stadium seines Bildeprozesses zugeführt, überwiegend ebenfalls vom Vater oder auch einer Geistmacht.

Dazu bestanden verschiedene Möglichkeiten. Man nahm beispielsweise an, daß sich die zur Einkörperung bestimmten Kinderseelen bevorzugt an *Übergangsstellen zum Jenseits* aufhielten, von wo sie, um sich zu reinkarnieren, gewissermaßen „aufgetrieben" waren. Das konnten Quellen, Wasserlöcher, Tümpel, Dorfteiche, Flüsse und Seen oder „Verbindungsachsen" zwischen den Welten, etwa einzelnstehende hochaufragende Felsen, Berge und bestimmte Bäume, eben „Kinderbäume", wie auch nach europäischem Volksglauben, sein. Gingen schwangere Frauen, bedacht oder unbedacht, nahe genug an ihnen vorüber oder berührten sie gar, sprang vielleicht eine Seele über – und sie empfingen. Mehrheitlich jedoch geschah dies, oft auch im Traum, dem Vater, der das „Geistkind" dann beim nächsten Liebesverkehr auf seine Frau übertrug. Daneben konnten verschiedentlich auch bestimmte Tiere als Überträger dienen, die aufgrund ihrer spezifischen „Doppelnatur" Zugang zum Jenseits hatten, wie nachtaktive Vögel zum Beispiel, die sich während der Dunkelheit, also zur „Geisterzeit", zu bewegen und zudem noch, wie die Seelen selbst, zu fliegen vermochten, gegebenenfalls in die Himmel oder über den Weltrand hinaus. Wieder anderen Vorstellungen nach, wie sie vor allem in Sibirien, aber teils auch in Indonesien und anderen Teilen der Welt verbreitet waren, befanden sich die Seelenhorte überhaupt im Jenseits. Die Kinderseelen lebten dort etwa in Gestalt kleiner Vögel in der Krone des Weltbaums, unter der Obhut einer Göttin oder des Himmelsgottes. Wenn ihre Zeit gekommen war, „flogen" sie auf Geheiß der Gottheit, vogelgleich, auf die Erde nieder in den Schoß ihrer Mutter. Bei Gesellschaften mit ausgeprägtem Ahnenkult schließlich trugen oft die Verstorbenen Sorge für den Seelentransfer.

Aber das alles glückte nicht immer komplikationsfrei. Manche Frauen empfingen überhaupt nicht oder nicht mehr. Andere hatten Fehl-, Miß- und Totgeburten. Im allgemeinen wußte man um die Gründe dafür. Die Mutter hatte ein Schwangerschaftstabu, vielleicht gar die Ehe gebrochen. Die Jenseitigen verweigerten ihr daher eine Seele – oder diese „hielt es" bei ihr sozusagen „nicht aus". Analoges galt für die Kindersterblichkeit. Anfangs war die Seele nur erst locker an den Körper gebunden. Sie trat immer wieder – meist durch die

Hauptfontanelle zwischen Stirnbein und Scheitelbeinen, die sich erst nach neun bis sechzehn Monaten schließt – aus, um ihre bisherigen Angehörigen im Totenreich zu besuchen. Darum schliefen die Säuglinge so viel. Während der Reisen aber konnten die Kinderseelen von einem böswilligen Geist abgefangen werden oder verloren, wenn die Eltern sich in dieser kritischen Zeit eines schweren Vergehens schuldig machten, die Bereitschaft zurückzukehren. Alles kam also darauf an, die Neugeborenen besonders behutsam und liebevoll zu behandeln, Sorge dafür zu tragen, daß in ihrer Umgebung Harmonie und Friede herrschten, damit es der Seele leichter fiel, sich einzugewöhnen.

## 3. Unterhalt

Das war um so eher der Fall, wenn den Menschen nicht noch andere Sorgen zu schaffen machten. Entscheidende Bedeutung kam dabei dem Unterhaltserwerb zu. Seine Sicherung setzte voraus, daß es immer genügend zu sammeln gab – an vegetabilischer Wildkost wie Insekten (Larven, Käfern, Heuschrecken usw.), die bei der Proteinzufuhr eine wichtige Rolle spielten, an Schnecken, Krebsen, Fröschen und anderem Kleingetier, das einzubringen in den Aufgabenbereich der Frauen fiel, daß ferner der Wildbestand nicht zurückging und die Jagdzüge der Männer erfolgreich waren und, bei agrarischen Gruppen, der Anbau ausreichende Erträge abwarf.

Doch darauf konnte man nicht mit Sicherheit zählen. Oftmals kam es, im einen wie im anderen Bereich, zu bedrohlichen Ausfällen. Möglicherweise trugen Wetterkatastrophen, Dürren oder harte Winter, die Schuld daran. Doch nicht im letztursächlichen Sinne; denn auch in diesen Fällen rührten die Störungen des Naturhaushalts von *menschlichen Verfehlungen* her. Vergehen wider die Jagdvorschriften veranlaßten Wildherden, das Revier zu wechseln, schwere Tabubrüche, wie ein Inzest zum Beispiel, lösten Hagelstürme oder Erdbeben aus. Die Menschen hatten es dann versäumt, wie Polar-Eskimo Knud Rasmussen gegenüber erklärten, „sich strikt den von ihren Vorvätern überkommenen weisen Lebensregeln gemäß zu verhalten"; alles komme darauf an, „die richtige Balance zwischen den Menschen und dem Rest der Welt zu halten".

Besonders empfindlich in dieser Hinsicht war das Verhältnis zwischen Menschen und Jagdtieren. Vielfach berichten die Mythen, daß beide gemeinsamen Ursprungs, also eigentlich *Verwandte* sind. In der Urzeit konnten sie etwa noch ihre Gestalt beliebig wechseln, mal die von Menschen, mal die von Tieren annehmen, bis später dann, gegen Ende der Schöpfungsphase, die heutige Ordnung endgültig festgelegt wurde. Ihre Seelen jedoch blieben, im Prinzip jedenfalls, austauschbar. Das verpflichtete beide zu einem Verhalten, wie es eben unter Verwandten üblich ist: Man hatte einander respektvoll zu begegnen und in Notfällen beizustehen. Märchen überall auf der Welt sind voll von Beispielen dafür, wie Tiere bedrohten Menschen helfen. Wer es an der schuldigen Dankbarkeit fehlen läßt, büßt entsprechend dafür. Auch von wechselseitigen Verwandlungen ist oft die Rede.

Verwandte aber dürfen einander nicht töten. Und eben hierin lag das *Zentralproblem der Jägerkulturen*, mit dem man sich daher auch auf verschiedenerlei Weise auseinandersetzte, dessen verhängnisvolle Konsequenzen man zumindest abzuschwächen versuchte; denn der Existenzerhalt setzte nun mal das Töten von Tieren voraus. In vielen Teilen der Welt war es zum Beispiel Usus, sich bei einem erlegten Wild in aller Form zu entschuldigen, oft auch regelrechte „Versöhnungs-riten" durchzuführen, um die Seele des Opfers zu beschwichtigen. In Sibirien suchte man ihr einzureden, Fremde – die Russen etwa – hätten die Tat begangen. Ethnologen, die dergleichen miterlebten, bezeugen, daß die Tötung die Jäger durchaus und sehr ernsthaft belastete. War das Tier verzehrt, wurden die Knochen, möglichst in voller Anzahl und der richtigen Zusammenstellung des Skeletts, in der Wildnis ausgelegt oder auch förmlich bestattet. Es herrschte der – weltweit belegbare – Glaube, daß dies die Voraussetzung für eine erneute Verkörperung des Tieres sei.

Dafür aber trugen die „Herren" bzw. „Herrinnen der Tiere" Verantwortung. Das waren eine Art Übergeistmächte, etwa im Rang zwischen Geistern und Gottheiten stehend, die irgendwo im Grenzbereich zwischen Diesseits und Jenseits – auf entlegenen hohen Bergen, in Flüssen und Seen, auf dem Grund des Meeres (wie die Sedna der Eskimo) oder in der Tiefe der Taiga – hausten. Sie besaßen Tier-, manchmal auch Menschengestalt. Im letzteren Fall stellte man sie sich als üppige Matronen nach Art der erwähnten jungpaläolithischen Frauenstatuetten oder alte, eisgraue Männer vor. Seltener waren sie für das gesamte Jagdwild, häufiger jeweils für einzelne Arten zuständig. Dann gab es ihrer also eine entsprechende Anzahl, in Wildren-, Elch-, Bären-, Tiger- (Ostsibirien), Fisch-, Walroß-, Vogel- (Adler, Schwan, Wildgans u.a.), Fuchs-, Zobelgestalt usw. mehr. Sie wachten über ihre „Herden", sorgten dafür, daß die Seelen der verendeten oder erlegten Tiere sich wiederverkörperten, so daß der Bestand gewahrt blieb, und sandten den Menschen das Wild, das sie ihnen als Beute zugedacht hatten. Verstießen die Jäger gegen Jagdvorschriften, indem sie wichtige Tabus verletzten, Schonzeiten nicht einhielten oder trächtige Tiere töteten, griffen die „Herrengeister" strafend ein und entzogen den Menschen das Wild oder schlugen sie mit Jagdunfällen, Krankheiten und anderem Ungemach. Diese ihrerseits suchten die Gunst der wichtigen Geistmächte, indem sie ihnen regelmäßig Opfer darbrachten, zu ihnen beteten, sie um Jagderfolg baten und sich bemühten, die Regeln nicht zu verletzen.

Seltener, zumindest unter Jägervölkern, kannte man analoge Herrenmächte auch für die Pflanzenwelt. In derartigen Fällen, wie sie zum Beispiel für Turkvölker Nordasiens (Altaier, Jakuten) belegt sind, achtete man entsprechend darauf, nicht nachlässig und unbedacht mit Wildpflanzen und Früchten umzugehen und nicht ohne zwingende Not „lebendiges" Holz zu schlagen, solange noch hinreichend „totes", das heißt abgebrochene verdorrte Äste zum Sammeln vorhanden waren, um die „Erdgöttin", um die es in diesem Fall ging, nicht zu erzürnen.

## 4. Schamanen

In den genannten Problemfällen spielte immer wieder die *Freiseele* des Menschen (und der Tiere) eine Schlüsselrolle. Verläßliche Hilfe war daher nur von einem Mitmenschen zu erwarten, der über die erforderlichen Kenntnisse, Gaben und Mittel gebot, sicher mit Seelen umgehen und Kontakt zu den Jenseitsmächten aufnehmen zu können, die in letzter Instanz das Geschehen auf Erden bestimmten. Dieser Mensch war der Schamane. Er besaß die Fähigkeit, sich seiner eigenen Freiseele, wann immer er gebraucht wurde, *willentlich* zu „entäußern" und sie auf Reisen ins Jenseits zu schicken. Da die Aufgaben, denen sie sich dort gegenübersah, schwierig und gefahrvoll waren, zählte auch zu den Gaben, die seinen Bemühungen verstärkte Erfolgsgewähr verliehen, sich *helfende Geister* zu verpflichten, die ihm assistierten und Sorge für seinen Schutz trugen.

Die schamanistische Seelenreise entsprach im Prinzip dem Traumerleben „gewöhnlicher" Menschen – nur erfolgte sie im Unterschied dazu *kontrolliert* und aufgrund eines bewußt getroffenen Willensentscheids. Gelegentlich wurde die Tätigkeit des Schamanen daher auch als „Träumen", er selbst als „Träumer" bezeichnet (zum Beispiel bei Andamanen-Insulanern). Ein alter Shipaya-Schamane (NO-Brasilien), der sein Amt auf einen Schüler übertrug, pflegte dies mit den Worten zu tun, er übergebe ihm seinen „Schlaf". Tatsächlich kommunizierten Schamanen auch häufig mit ihren Hilfs- und Schutzgeistern im Traum; sie empfingen dabei wichtige Hinweise, etwa auf ein bevorstehendes Geschehen, Empfehlungen, Ratschläge und Anweisungen.

Schamanen nahmen vor allem also *Vermittlerfunktionen* zwischen Diesseits und Jenseits, Menschen und Geistmächten, Lebenden und Toten (Ahnen) wahr. Das war existenzunabdinglich, da beide Welten ein *komplementäres* Ganzes bildeten, Wohl- wie Fehlverhalten in ihren Auswirkungen niemals lokal auf die eine beschränkt blieben, sondern immer die andere, das heißt die gesamte Natur und ihren jenseitigen „Unter-

und Hintergrund" mitaffizierten, was dann wiederum zu entsprechenden Gegenreaktionen führte, in einem steten, kommunizierenden Wechselspiel.

Aus dieser kosmologischen Sonderstellung wuchsen den Schamanen entsprechende Verpflichtungen zu. Ihre Hauptaufgabe bestand im *Heilen*; nicht leichter Verletzungen, die aus einer bloßen Unachtsamkeit herrühren mochten, sondern schwerer, lebensbedrohlicher und insofern vor allem *psychischer* Leiden, die auf Zauber, einen Geisteranschlag, letzten Endes also auf ein Verschulden zurückgingen. Dazu bedurfte es zunächst einer Diagnose. Der Schamane versetzte sich in Trance, gleichsam in einen künstlichen Schlafzustand, und sandte seine Seele – oder auch seine Hilfsgeister – aus, um zu erkunden, welcher Art die Erkrankung war, worin also genau ihre Ursache bestand, und wer sie „geschickt" hatte. Entsprechend den genannten drei Hauptmöglichkeiten der Gesundheitsbeeinträchtigung kam in der Regel eine davon in Betracht. Je nachdem, wie das Ergebnis ausfiel, entschied sich der Schamane für seine Therapie. Hatte die Diagnose ergeben, daß die Krankheit von einem „Fremdstoff" im Körper des Patienten herrührte, legte er seinen Mund an die betreffende Stelle und „saugte" die Substanz – ohne die Haut zu verletzen – „heraus". In Nord- und Südamerika massierte er auch zuvor die umliegende Partie, rieb Speichel darüber oder „desinfizierte" sie durch Überblasen mit Tabakrauch und benutzte für die Extraktion ein Knochen- oder Holzröhrchen (bzw. ein Blasrohr in Südamerika). Anschließend zeigte er das Gefundene vor: einen Kiesel, ein Stöckchen, einen Dorn, ein Insekt, einen Wurm, ja eine kleine schwarze Eidechse. War ein Geist in den Körper eingedrungen und hatte sich der Seele des Patienten bemächtigt, so daß dieser also an psychischen Störungen, vor allem unter Besessenheitszuständen, litt, bediente sich der Schamane exorzistischer Mittel. Er suchte den Geist entweder durch Lärmen, mit Schellen zum Beispiel, fortzuschrecken (ein auch sonst weithin übliches apotropäisches Verfahren) oder bot seine Hilfsgeister auf, ihn zu vertreiben.

Besonders aber bedurfte man des Schamanen, wenn ein Mensch um seine Seele gekommen, wenn sie nach einem Austritt, etwa während des Träumens, in die Irre gegangen oder von einem Zauberer oder bösen Geist in seine Gewalt gebracht worden war. Der Kranke hatte dann entweder das Bewußtsein verloren oder verhielt sich extrem gestört, wie eben „von Sinnen". In derartigen Fällen kam es auf rasches Handeln an, damit die Seele nicht allzuweit abkam und schließlich unauffindbar wurde, bzw. ihre Entführer keinen allzu großen Vorsprung gewannen. Der Schamane versetzte sich wieder in Trance und sandte seine Seele, gewöhnlich in Begleitung seiner Hilfsgeister, aus, sie aufzuspüren, ihren Räubern abzuringen und heimzuführen. Meist übernahmen die Hilfsgeister den Hauptpart dabei. Sie erkundeten den Weg, sorgten für den Schutz des Schamanen (bzw. seiner Seele) und trugen den Kampf mit den Entführermächten aus. Hatte das Unternehmen Erfolg, nahm der Schamane die gerettete Seele an sich, barg sie in seiner „Oberkleidung" oder verschluckte sie sicherheitshalber auch, wie bei Tungusen-Gruppen am unteren Amur. Wieder heimgekehrt, blies er sie dem Kranken zurück in den Kopf. In Südamerika bediente man sich auch dazu eines Bambusröhrchens, das der Schamane dem Patienten ins Ohr schob.

Für die Seelen konstitutionell schwächlicher (anfälliger), stärker gefährdeter Menschen trafen sibirische Schamanen besondere Schutzmaßnahmen. Sie verwahrten sie entweder in eigenen „Seelenbehältnissen", kleinen Säckchen zum Beispiel, die sie bei sich trugen, oder verbargen sie an geschützten Stellen in der Umwelt – in einem Hügel, einer tiefen Höhle, einer Unterwassergrotte im Meer, ja verbrachten sie in schwerwiegenden Fällen in das jenseitige Schamanenterritorium ihrer Sippe (in dem auch die verstorbenen Schamanen „lebten") und vertrauten sie dort der Obhut einer Schutzgeistmacht an.

Häufig verfuhr man so überhaupt, vorsorglich, aus prophylaktischen Gründen, mit den Seelen der Kleinkinder – in der Hoffnung, damit der meist hohen Kindersterblichkeit begegnen zu können. Den „kleinen" Seelen fehlte es dabei an nichts. Sie lebten in ihrem Versteck wie in einem goldenen Käfig, betreut von einer gütigen mütterlichen Geistmacht; sie konnten nach Herzenslust spielen, mit Puppen zum Beispiel, aber auch vielen anderen Dingen: es war für alles gesorgt. Dort blieben sie, bis sie außer Gefahr waren. Das konnte Jahre dauern, auch bei Erwachsenen. Manche erhielten ihre Seele erst zurück, wenn sie bereits im zwanzigsten oder dreißigsten, ja vielleicht einem noch höheren Lebensalter standen. Je mehr Seelen ein Schamane Schutz zu gewähren vermochte, desto höher sein Ansehen. Bei den Nanaj (Golden) am unteren Amur rühmten sich manche noch in den siebziger Jahren, über Jahrzehnte hin Hunderte von Seelen betreut und ihre Besitzer – darunter noch lebende, deren Namen sie nannten – dadurch gesund erhalten zu haben. Daß die Betreffenden während der Zeit nicht starben oder in einen komatösen Dauerzustand verfielen, lag daran, daß ihre Seelen nicht wirklich verlorengegangen bzw. in die Gewalt eines Unheilsgeistes geraten oder, wie im Normalfall, nicht rituell im Rahmen der Bestattungszeremonien verabschiedet und ins Totenreich eingegangen waren. Die Verbindung zu ihrem Leib blieb über den Schamanen erhalten. Raum und Zeit besaßen dabei insofern keinerlei einschränkende Bedeutung, als Freiseelen ihrer spirituellen Beschaffenheit wegen beiden *diesseitigen* Zuständlichkeiten nicht unterworfen waren. Sie konnten, gleichzeitig wie ungleichzeitig, hier wie dort sein. Manchmal indes stellte man sich auch konkreter vor, daß eine Art Faden von leuchtender Ausstrahlung Seele und Körper über die Distanz hin verband. Den konnten allerdings nur Schamanen und andere Hellsichtige sehen.

Erkrankten Schamanen, suchten sie sich gewöhnlich – mit Hilfe ihrer Geister – selbst zu heilen. Nur in schweren Fällen zogen sie andere heran, die auch kamen, wenn beide verfeindet waren – kein Schamane durfte, wovon noch die Rede sein wird, ein Hilfeersuchen ablehnen.

Zu ihren weiteren Hauptaufgaben zählten der Erhalt der Nahrungsquellen, besonders die Sicherung des Jagderfolgs, und Hilfe bei Unfruchtbarkeit (bzw. „Konzeptionsschwäche" einer Frau) und übergewöhnlich hoher Kindersterblichkeit. In den letzteren Fällen begab sich der Schamane, je nachdem, wo sich die Kinderseelenhorte befanden, entweder zu einem der irdischen „Seelenkeimzentren" und wählte eine geeignete Seele aus oder unternahm eine Reise ins Jenseits und suchte den Ahnen oder dem Himmelsgott eine Seele abzugewinnen, die er der künftigen Mutter dann einblies oder ins Kopfhaar legte. Durch die besondere Seelenbetreuung der beschriebenen Art bemühte er sich, die Kinder bei Frauen, deren frühere immer wieder gestorben waren, nunmehr sicher am Leben zu erhalten.

Stand ein Jagdunternehmen auf Herdenwild bevor, über dessen Standort Unsicherheit herrschte, zog man, um sicherzugehen, den Schamanen heran zu erkunden, wo sich die Tiere gerade befanden. Er erledigte das dann wieder entweder selbst, indem er sich auf Seelenreise begab, oder beauftragte seine Hilfsgeister damit. Wurde der Wildbestand besorgniserregend geringer oder hatten die Jäger trotz allen Bemühens nur wenig Erfolg, war seine Aufgabe herauszufinden, woran das lag, das heißt wer sich welchen Vergehens schuldig gemacht und dadurch die zuständigen Herrengeister verstimmt hatte, damit die Betreffenden Sühne tun und Beschwichtigungsopfer dargebracht werden konnten. Half das nichts, suchte der Schamane persönlich die Geistmächte auf, bemühte sich, sie zu versöhnen – die Sedna der Eskimo zum Beispiel stimmte er weich, indem er ihr lange und sorgsam die Haare kämmte –, und bat sie, Wild (bzw. Seesäuger) für die Jäger freizugeben; denn nur Tiere, die von den Herrengeistern eigens dazu bestimmt waren, konnten erbeutet werden. Manchmal legte er auch selbst mit Hand bei der Vermehrung des Wildbestandes an. In diesem Fall erbat er sich von der Geistmacht die Seelen der Tiere, an denen Mangel bestand, und verstreute sie dann über Gewässer, Steppen und Wald. Seltener halfen Schamanen unmittelbar bei der Jagd, indem sie, wie häufiger bei südamerikanischen Gruppen, magisch Einfluß auf die Tiere nahmen, so daß sie sich leichter stellten und müheloser zur Strecke gebracht werden konnten; denn an sich war die Jagdmagie Sache der Jäger selbst. Eher kam vor, daß sie für günstige Witterungsbedingungen sorgten. Viele vermochten Stürme, Schneefall, Regen usw. ebenso abzuwenden wie heraufzubeschwören.

Neben den genannten fielen den Schamanen oft auch noch andere Aufgaben zu. Naheliegend war, daß man von ihnen, die sie Kontakt zu den Geistmächten und Einblick ins Jenseits besaßen, Voraussagen auf die Zukunft erwartete. Sie gaben an, ob im kommenden Winter viel oder weniger Schnee fallen werde, ob also mit ungünstigen oder günstigeren Jagdaussichten zu rechnen sei. Ihre hellseherischen Gaben befähigten sie auch, die Verstecke gestohlener Güter ausfindig zu machen, die Diebe zu benennen und Schadenszauberer oder Hexen (bzw. Hexer) innerhalb der eigenen Gesellschaft zu entlarven sowie, sicher wie niemand sonst, Träume zu deuten. Sie wehrten die Anschläge böser Geistmächte ab, halfen bei Schwergeburten und reinigten rituell neuerrichtete Behausungen vor dem Bezug, das heißt räucherten sie etwa aus, um mögliche der Örtlichkeit anhaftende Unheilskräfte fortzutilgen und wiederum auch übelwollende Lokalgeister auszutreiben. Standen kriegerische Auseinandersetzungen bevor, kundschafteten sie die Absichten, Aufstellung und Kampfstärke des Gegners aus und rieten ihren eigenen Kriegern, wie sie vorgehen, welche Taktik oder List sie anwenden sollten. In agrarischen, das heißt genauer in Pflanzergesellschaften*, in denen, wie vor allem in Südamerika, dem Himalayaraum und Teilen Südostasiens und Indonesiens, Schamanismus vorkam, fielen ihnen gewöhnlich, ergänzend zu den genannten, auch ausgesprochen priesterliche Aufgaben zu. Sie brachten dann etwa die wichtigeren, kommunalen Opfer dar, führten die Fruchtbar-

* Dorfgemeinschaften traditioneller Agrarkulturen, die den Bodenbau nur zur Deckung des Eigenbedarfs mit Hacke oder Grabstock, also noch ohne Nutzung des Pfluges und intensiver Anbaumethoden betrieben, wirtschaftlich weitgehend autark und politisch überwiegend autonom, das heißt nur in den Kontaktbereichen zu den Archaischen Hochkulturen Teile übergeordneter Sozial- und Verwaltungseinheiten (insbesondere in „Sakralkönigtümern") waren.

keitsriten für Land, Menschen und Haustiere sowie alle mit den Hauptlebenseinschnitten bzw. Seins- und Statuswechselprozessen verbundenen Zeremonien – bei Geburt, Namengebung, Hochzeit, Amtsübernahmen usw. – durch.

Besondere Bedeutung unter diesen immer kritischen Übergangszuständen kam dem Tod eines Gruppenmitglieds zu, weil man hier dem Problem gegenüberstand, daß sich eine Freiseele unwiderruflich aus dem Körperverbund gelöst hatte und sichergestellt werden mußte, daß sie ins Totenreich zu ihren Vorfahren fand und nicht abkam vom Weg, sich verirrte und aus Verzweiflung und Zorn, daß ihr der Heimgang zu den Ahnen und die Möglichkeit zur Wiederverkörperung versagt blieben, zum rachsüchtigen Unheilsgeist wurde. Dem dienten an sich schon die Beisetzungsrituale selbst. In Gesellschaften jedoch, die Schamanen besaßen, fiel dies von der Art der Aufgabe her speziell in ihren Zuständigkeitsbereich. Schamanen leiteten daher oftmals nicht nur die Bestattungszeremonien, sondern nahmen sich vor allem der Seelen der Abgeschiedenen an. Das geschah unter Umständen in mehreren Schritten. Zunächst verabschiedeten sie die Seele „in aller Form". Da sie indes zu Anfang teils noch verstört war, das heißt nicht so recht begriff, was mit ihr vorging, teils auch den „Anruch" der Diesseitigkeit noch an sich trug (der Geistwesen allgemein zuwider ist), beruhigte, „heilte" sie der Schamane erst einmal, bei Gruppen in Ostsibirien zum Beispiel, und körperte sie vorübergehend in ein kleines anthropomorphes Holzfigürchen ein; andernorts, wie etwa auf Halmahera (Indonesien), brachte er sie zwischenzeitlich fernab in einer großen Muschel, einer Grotte, ja selbst auf dem Mond unter, bis sie alle „Anrüchigkeit" verloren hatte. Danach geleitete er die Seelen dann, in Begleitung auch seiner Hilfsgeister, die wieder die schützende Eskorte bildeten, vollends zu den Ahnen ins Totenreich.

Insgesamt war also Aufgabe des Schamanen, die eigene Gruppe sowohl in der Gegenwart als auch auf die Zukunft hin – durch den Erhalt ihrer Seelen über den Tod hinaus – *sicher am Leben zu erhalten*. Die Menschen wußten darum, erkannten an, was sie den Schamanen zu danken hatten. „Hätten wir keine Schamanen", versicherten Raji im südwestlichen Nepal einem Ethnologen, „wären wir alle des Todes." Starb daher der einzige Schamane einer Gruppe, breiteten sich, wie noch in den zwanziger Jahren bei Tungusen in Sibirien beobachtet wurde, sofort Ratlosigkeit, Angst und Verzweiflung, ja Massenpsychosen aus, die ebenso zu lethargischer Untätigkeit wie Akten brutaler Aggression gegen alles und jeden führen konnten – bis ein neuer Schamane zur Stelle war.

Die übliche Klientel der Schamanen bildeten ihre Verwandtschaftsverbände: gelegentlich, wie bei manchen südamerikanischen Gruppen (den Kaingang zum Beispiel), lediglich die Großfamilie oder, in Fällen weiträumig nomadisierender Sammlerinnen- und Jäger-Gruppen, die lokale Lagergemeinschaft, in der Regel jedoch die je eigene Sippe samt oft auch der engeren Nachbarn anderer Verwandtschaftszugehörigkeit. Viele – größere – Siedlungen setzten sich nämlich häufig aus Sektionen (Lineages) unterschiedlicher Sippen (bzw. Klane) zusammen, so daß der eigentlich zuständige Schamane unter Umständen mehrere Dörfer entfernt lebte, wo seine Sippe ihren Stammsitz hatte. Das alles schloß allerdings nicht aus, daß weitberühmte, „große" Schamanen in besonders verzweifelten Fällen durchaus auch von nichtverwandten, ja fremdethnischen Notleidenden konsultiert werden konnten. Bei einzelnen Gruppen Sibiriens, wie den Tschuktschen im Nordosten, in neuerer Zeit auch den Samojeden in den zentralen Tundrenbereichen östlich des Ural, entwickelte sich daraus eine Art „professioneller" Schamanismus: Die Klientel setzte sich aus Hilfesuchenden, in der Hauptsache Patienten, beliebiger Herkunft (auch Russen!) zusammen; ausschlaggebend für die Wahl des Schamanen war allein sein Erfolg, sein „Ruf".

Nur für die Engstangehörigen im eigenen Haushalt, vor allem Kinder und Enkel, aber auch Ehefrauen und Schwiegertöchter, pflegten Schamanen, in sibirischen Gesellschaften zumindest, gewöhnlich nicht zu schamanisieren. Gründe dafür sind nicht überliefert. Man fürchtete wohl, daß sie als allzu Betroffene nicht die erforderliche Selbstkontrolle aufbieten könnten oder vielleicht auch für eine mögliche Schuldverstrik-kung, wenn Anlaß bestand, darin die Ursache für den Krank-heitsfall, ein Unglück usw. zu sehen, die Mitverantwortung trugen. Bei „Unfruchtbarkeit" der Frau war dies ohnehin of-fensichtlich: Sie hatten schon als Gatten nicht vermocht, ihr zu einer Kindsseele zu verhelfen.

Endlich in Bauerngesellschaften*, also vor allem in den Himalayaländern und Südostasien (Taiwan, Korea, Japan), in denen die Verwandtschaftlichkeit an Bedeutung verliert und dafür andere Bindekriterien, wie nachbarschaftliche Solidari-tät oder familiäre Freundschaften, an Geltung gewinnen, bil-det die Klientel des Schamanen entweder die gesamte Bevöl-kerung eines Dorfes oder einzelner Viertel.

* Dorfgemeinschaften innerhalb übergeordneter Sozial- und Verwal-tungseinheiten (Reiche, Staaten), entstanden mit der Herausbildung der Archaischen Hochkulturen (im 4. Jt. v. Chr.), die eine intensive, mehrer-tragsorientierte Landwirtschaft (Dauerfeldbau auf Zerealienbasis) mit Pflug, Egge und anderen Zuggeräten, Mistdüngung und künstlicher Be-wässerung, in Kombination mit Vieh-, insbesondere Großviehhaltung be-trieben. Ihr Leben war – und ist dies weithin auch heute noch – bestimmt durch die ökonomische und administrative Abhängigkeit von den städti-schen Zentren (bzw. Märkten) und der Politik der Machthabenden, daher selten frei von Unterdrückung, Ausbeutung und Fron.

# II. Vorkommen

## 1. Verbreitungsbild

Der Schamanismus kam in der Alten wie in der Neuen Welt, allerdings, jedenfalls zu historischer Zeit (seit Einsetzen schriftlicher Quellen), nicht durchgängig vor. In eindeutiger, „klassischer", wenn auch typenspezifisch differenzierter Form ist er in der Alten Welt zur Hauptsache für die Jäger- und Fischerkulturen Nordeurasiens, die Hirtennomaden Sibiriens und Innerasiens bis zu den Samen („Lappen") im Westen (ren-, rinder-, pferde-, kamel-, schaf- und yakhaltende Gruppen, wie Samojeden, Jakuten, Mongolen, Kasachen, Kirgisen usw.), die Bauernkulturen der angrenzenden Himalayaländer (Hindukusch, Nepal, Tibet) und Südostasiens (Hinterindien, Korea, Taiwan, Japan), für einige der dort noch existierenden Sammlerinnen- und Jäger-Gruppen (z.B. die Batek im Innern der Malaiischen Halbinsel, die Andamanen-Insulaner, die Birhor im Norden von Chota Nagpur) sowie Pflanzergesellschaften in Teilen Indonesiens belegt. In Indien trat er, abgeschwächt, lediglich noch in den nordöstlichen Bereichen, nicht aber weiter nach Westen zu, auch etwa nicht bei den Sammlerinnen- und Jägergesellschaften im Innern des Subkontinents (z.B. den Chenchu in Andhra Pradesh oder Aranadan in Kerala) auf. Bei den Aborigines Australiens war er nicht allen, aber doch einigen Gruppen, allerdings nicht in der sonst üblichen strikt institutionalisierten Form, bekannt. Immerhin besaß er auch hier, und namentlich im zentralen Bereich der Berufung und Initiation zum Schamanen, eine Reihe so typischer Züge, daß ein Zusammenhang unabweislich erscheint.

In der Neuen Welt kam der Schamanismus wieder sowohl bei Wild- und Feldbeuter- als auch Pflanzergesellschaften vor und erstreckte sich in seiner Hauptverbreitung von den Eskimo und angrenzenden Waldlandindianern im Norden vornehmlich über den Westen, weite Teile Mittel- und schließlich den Hauptteil Südamerikas bis hin zu den Feuerland-Indianern an der Südspitze des Kontinents.

Er *fehlte* also in Afrika, auch bei den dortigen Sammlerinnen- und Jägergesellschaften (wie den Buschmännern, Hadza und Pygmäen), in Melanesien mit Neuguinea sowie nahezu (bis auf Südostasien) im gesamten Bereich der Archaischen Hochkulturen (auch Mesoamerikas und der Anden) und ihrer unmittelbaren Einflußgebiete: im Mittelmeerraum, in Europa, Vorder-, Mittel- und Südasien, den zentralen Teilen Indonesiens und in Polynesien. Daraus lassen sich, mit allen quellenbedingten Vorbehalten, folgende Schlußfolgerungen ziehen:

1) Der Schamanismus scheint hohen Alters, das heißt originär an Wild- und Feldbeuterkulturen gebunden zu sein.

2) Er fehlte offensichtlich von Anfang an in Afrika – auch Felsbilder Süd-, Südwest- und Nordafrikas (Sahara) liefern, trotz gelegentlich geäußerter anderslautender Vermutungen, keinerlei Hinweise darauf – sowie in den „Altpflanzerkulturen" Melanesiens und Neuguineas.

3) Besonders verwurzelt, daher auch Überlagerungsprozessen gegenüber beständiger und insofern formal komplexer bis hochelaboriert trat er in Asien, speziell in Sibirien in Erscheinung.

4) In den angrenzenden altweltlichen Entstehungsgebieten der Archaischen Hochkulturen könnte er ursprünglich bestanden haben, dann aber, wie analog auch in den mesoamerikanischen und andinen Hochkulturen, verdrängt, bzw. ausgelöscht worden sein.

## 2. Typologie

Aus dem Verbreitungsbild folgt schon eine entsprechende formenspezifische Differenzierung, die hier nur in den Grundzügen und nach den je charakteristischen Leitkriterien skizziert werden kann, da die Konturen in den Grenzbereichen, wachsend zur Anzahl der Kombinationsmöglichkeiten, verschwimmen, bzw. sich auflösen in eine Fülle von Übergangsformen. In etwa lassen sich die folgenden Haupttypen unterscheiden:

1) Ein primärer *„Elementarschamanismus"*, verbreitet vor allem bei Sammlerinnen-, Fischer- und Jäger-Gesellschaften

am Rand der Ökumene und weiter im Innern in abgelegenen, insulären Lagen (Tschuktschen, Eskimo, Feuerland-Indianer, Australier, Andamaner, Batek, Yaruro in Venezuela u.a.). Seine bestimmenden Züge, die sich in der Mehrheit, teils ebenso, teils überformt, auch in den nachgeordneten Typenvarianten finden, sind: Der Schamane wird von *Wildgeistern* berufen. Seine Klientel bilden Lokalgemeinschaften oder Verwandtschaftsverbände (Lineages, Sippen). Seine Hauptaufgaben bestehen in der Sicherung des Jagderfolgs, der Gesundheit und der Fortpflanzung der Gruppe, also insgesamt der *Kontrolle und fürsorglichen Pflege der Tier- und Menschenseelen.* Dazu bedient er sich der Ekstasetechnik, das heißt er entäußert sich, nach Bedarf und freiem Belieben, seiner Freiseele, in der er in Begleitung und unter dem Schutz und Beistand der Geister, die ihn beriefen, ins Jenseits reist, um dort, am Ursachengrund allen Geschehens auf Erden, seinen Aufgaben entsprechend nachzukommen. Das Ritual bleibt auf das Notwendigste beschränkt, Hilfsmittel – Drogen, eigene Trachten, bestimmte Utensilien – finden entweder gar keine oder nur rudimentäre Verwendung.

2) Ein sekundärer „*Komplexschamanismus*", verbreitet vor allem in den angrenzenden Übergangsbereichen, das heißt bei Hirtennomaden Nord- und Innerasiens sowie tropischen Pflanzergesellschaften, zumal solchen, in deren Ökonomie die Jagd, wie bei Indianern Südamerikas, noch eine gewichtige Rolle spielt. Die Klientel bilden weiterhin Verwandtschaftsverbände bzw. die Dorfgemeinschaften, die aus ihnen bestehen. Es bleibt bei den genannten Hauptaufgaben und ihrer Bewältigung mittels Ekstase und Jenseitskontakten, doch treten neue Züge hinzu, die sich wesentlich aus der (überwiegenden) Seßhaftigkeit ableiten: Die Schamanen werden häufig von *Ahnengeistern* – bei Tungusen und Gruppen im Altai-Gebirge (Kumandiner, Tuwiner u.a.) auch unmittelbar den Totenseelen früherer Schamanen der Sippe – berufen, die ihnen dann später als persönliche Schutzgeister dienen; oftmals geht das Amt patrilinear vom Vater auf den Sohn (bzw. matrilinear von der Mutter auf die Tochter) über, ist dann al-

so erblich. Der Schamane führt, quasi priesterliche Funktionen mit übernehmend, auch häuslich-familiäre (bei Geburt, Namengebung, Bestattung usw.) und kommunale (etwa agrarische) Riten durch. Die schamanistischen Séancen selbst gewinnen an formal komplexerer Ausgestaltung und Dauer und finden in eigens dazu hergerichteten Zelten oder an bestimmten Kultstätten statt. Der Schamane trägt dazu, namentlich bei den Taiga-Völkern Sibiriens, eine spezifische Tracht samt Accessoires (Stäbe, Zweigbündel, Schellen u.a.). Er führt die Trance nicht mehr allein, wie überwiegend im Elementarschamanismus, durch gedankliche Konzentration, sondern mittels besonderer Techniken (Singsang, Rezitationen, rhythmische Bewegungen, Tanz) und – mehrheitlich – halluzinogener Drogen herbei. Die Bindung an einen persönlichen Schutzgeist wird enger; der Schamane betreut und verehrt ihn und muß ihm vor allem regelmäßig Opfer darbringen, um sich seine Gunst und Hilfsbereitschaft zu erhalten. Daneben sind auch Speiseopfer an andere Hilfsgeister üblich. Speziell in den Randbereichen Hochasiens, bei südlichen und südöstlichen Tungusen-Gruppen sowie in den bergbäuerlichen Gesellschaften der westlichen und südlichen Himalayaregionen (Hindukuschraum und Nepal), ist das Opfer gar zum integralen Bestandteil des Séance-Rituals geworden: Schweinen (Tungusen) bzw. Ziegen wird der Kopf abgeschlagen, worauf der Schamane das aus dem Rumpf ausströmende Blut trinkt, um sich für die Seelenreise zu stärken. Endlich treten auch häufiger, und zumal in Agrarkulturen, *Schamaninnen* auf, die im Elementarschamanismus noch selten sind.

3) Ein hochkulturlich-synkretistisch – islamisch, lamaistisch, hinduistisch, schintoistisch usw. – überprägter *„Besessenheitsschamanismus"*, typisch vor allem für die bäuerlichen Dorfgesellschaften Südostasiens (Tibet, Taiwan, Korea, Japan, teils auch Nepal). Keinesfalls nur, aber doch deutlich überwiegend wird das Amt von *Frauen* ausgeübt. Charakteristisch ist die strikte – lebenslängliche – Bindung an eine ganz bestimmte Geistmacht (bzw. „Gottheit"), die erkennbar noch Züge der persönlichen Schutzgeister in den vorgenannten

Formtypen trägt. Sie wird geradezu kultisch, gewöhnlich in eigenen kleinen Tempeln, in denen sie oft auch abbildlich präsent ist, verehrt, das heißt sie empfängt regelmäßige rituelle Dienstleistungen und Opfer. Der Aufgabenbereich entspricht dem erweiterten Spektrum des Komplexschamanismus. Zentral bleibt der *Heilauftrag*; mehr als sonst jedoch geht es den Ratsuchenden auch um Voraussagen und Zukunftsprognosen. Die übliche Klientel – oder die Kernklientel – bildet die Dorfgemeinschaft. Im Unterschied zum „klassischen" Schamanismus indes begibt sich die Seele der Schamanen zur Lösung der Aufgaben nicht mehr auf Reisen ins Jenseits, handelt es sich also nicht um ekstatische, sondern eben Besessenheitsséancen: Der persönliche Partnergeist tritt in den Leib des Schamanen ein und heilt, bzw. erteilt Auskunft durch ihn. Gewöhnlich nimmt der Besessene dann auch sein Verhalten, seine typischen Gebärden und seine Sprechweise an, ja wählt die entsprechende Tracht – eine Uniform etwa, wenn es sich um einen ehemaligen Krieger oder Offizier handelt; wechseln, was vorkommen kann, die eintretenden Geister, ist der Schamane entsprechend genötigt, sich während der Séance mehrfach umzuziehen. Typisch für den Schamanismus gegenüber den gängigen „Besessenheitskulten" bleibt jedoch, daß der Schamane die Geistmacht, wann immer eine Séance geboten erscheint, *freiwillentlich* zu sich zu bescheiden vermag, also nicht irgendwann und überraschend gleichsam von ihr überwältigt wird, ihr lediglich passives Organ ist.

Neben männlichen kamen also auch *weibliche Schamanen* vor. Ihre Zahl und Bedeutung wuchs dabei sichtlich zu den seßhaft lebenden, das heißt überwiegend agrarischen, vor allem bäuerlichen Gesellschaften hin (Usbeken, Tadschiken, Taiwan, Korea und Japan zum Beispiel). In den letzteren war dies Folge der übermächtigen „Hochreligionen" (Islam, Buddhismus bzw. Lamaismus, Schintoismus), zu deren geistlichen Ämtern – auf jeden Fall in den führenden Rängen – allein Männer das Zugangsprivileg besaßen, so daß es sich für sie schon insofern verbot und sie Ansehen und Prestige gekostet hätte, Funktionen, die aus den „überwundenen" Unterschichten heidnischen „Aberglaubens" herrührten, wahrzunehmen, und so Frauen die Möglichkeit bekamen, an ihre Stelle zu treten – wie analog etwa auch in den Zār-Kulten Nordostafrikas (Islam, Christentum) und den afroamerikanischen Besessenheitskulten der Karibik und Brasiliens (Christentum).

Im Elementar- und Komplexschamanismus der im eigentlichen Sinne traditionellen Kulturen dominierten dagegen, bis auf ganz wenige Ausnahmen (wie bei den Araukanern in Chile zum Beispiel), immer die männlichen Schamanen. Auf jeden Fall galten sie stets, wiederum von einzelnen Ausnahmen abgesehen, die aber nicht institutionell begründet waren, sondern mit der besonderen Persönlichkeit einer Schamanin zu tun hatten, als wirkmächtiger. Die Ursache dafür lag in der üblichen Tätigkeits- und Privilegienverteilung: Männer nahmen Aufgaben wahr, die einen *weiterreichenden Bewegungsradius* erforderten – sie allein gingen zur Jagd, betreuten bei Hirtennomaden das Großvieh, trieben Fernhandel, führten Krieg und besaßen Besitz- und Suprematieansprüche gegenüber den Frauen. Ebendies Verhältnis spiegelte sich auch in der Bewegungsfreiheit der Seelen ab. Männer träumten gewissermaßen in größeren Zusammenhängen, erkannten und wußten daher mehr, da ihre Seelen nachts weiter zu reisen vermochten als die der Frauen; sie waren insofern eher zur Ekstase, die Frauen dagegen mehr zur Besessenheit prädisponiert. Wurden Frauen Schamaninnen, so oft nicht von ungefähr erst *nach Eintritt der Menopause* (wie u. a. bei den Eskimo zum Beispiel), die ihren menstruationsbedingten „Unreinheitszustand" beendete und sie, wie man der Auffassung war, den Männern wesensmäßig mehr anglich, oder aber nach einem *rituellen Geschlechtswandel*. In diesem Fall erhielten die Frauen von dem Geist, der bei ihrer Berufung die führende Rolle spielte, die Weisung, „zum Mann zu werden". Auf der Stelle kleideten und frisierten sie sich wie Männer, verhielten sich, sprachen und traten entsprechend auf, lernten zu jagen und Waffen zu führen, ja heirateten unter Umständen sogar aufs neue – eine andere Frau. Derartige Fälle kamen vor allem, aber dennoch vergleichsweise selten, in Nordostasien bei Itelmen, Korjaken, Tschuktschen, asiatischen Eskimo und Aleuten-Insulanern vor – und ebendort erging, häufiger noch, die entgegengesetzte Aufforderung auch an männliche Schamanenkandidaten, die dann in allem analog reagierten. Es war Geisterbestimmung, im einen wie im anderen Fall; mehr Macht oder Prestige verband sich damit nicht.

Gelegentlich behandelten Schamaninnen eher leichtere Erkrankungen, die spezielle Heilpflanzenkenntnisse erforderten, wie sie Frauen aufgrund ihrer herkömmlichen Sammeltätigkeit immer in größerem Umfang als Männer besitzen, oder bevorzugt nur Frauen, vor allem, wenn Komplikationen bei Geburten auftraten, das heißt sie waren, den „Laien-Hebammen" übergeordnet, im engeren Sinne sozusagen auf Fragen der Obstetrik spezialisiert.

## 3. Terminologie

Unter den Bezeichnungen für Schamanen ist zwischen weiträumigen, überethnisch verbreiteten und solchen, die nur bei einzelnen Ethnien (bzw. in bestimmten Sprachen) gebräuchlich waren, zu scheiden. Erstere weisen auf größere geschichtliche Bewegungen und Zusammenhänge hin.

Der bei Laien wie in den Wissenschaften gängige Terminus „Schamane" entstammt den tungusischen Sprachen (*šaman*, auch *saman*; amurtungusisch und mandschurisch *sama*), war hier für männliche wie weibliche Schamanen und teils – aber nicht nur – auch bei Nachbarvölkern üblich (mongolisch *samadi*, uigurisch *samaty*). Seine Herkunft ist umstritten. Er könnte durchaus einheimischen Ursprungs, das heißt aus der Wurzel *sa-*, „denken", „wissen", „begreifen", abgeleitet, ebensogut aber auch entlehnt sein. In diesem Fall käme eine Übernahme aus dem Sanskrit (*cramana*, „Bettelmönch", „Asket"), bzw. dem mittelindischen Pali (*samana*), der Sprache des *buddhistischen Kanons*, in Betracht. Seit Mitte des 3. Jahrhunderts v. Chr. nämlich hatte der Buddhismus, auf Initiative des Maurya-Herrschers Ashoka (ca. 273–232 v. Chr.) hin, eine rege Missionstätigkeit entfaltet, die ihn allmählich Einfluß auch über Nordwestindien hinaus in Kaschmir, Gandhāra, Baktrien und Zentralasien (Buchara), in diesem ganzen Bereich des „indoskythischen" Imperiums der Kushan im 2. Jahrhundert n. Chr. noch besonders gefördert durch König Kanishka (ca. 120–162 n. Chr.), dann während des Frühmittelalters über die „Seidenstraßen" in Innerasien und China, zuletzt in Tibet und der Mongolei (Lamaismus) gewinnen ließ. Daher rühren auf jeden Fall die Übernahmen des Pali-Begriffs *samana* u. a. ins Soghdische (*šmn* = *šaman*), Tocharische (*samāne*) und Chinesische (*ša-men*).

Bei den turk-, teils auch mongolischsprachigen Völkern, ursprünglich südöstlich der Tungusen, war demgegenüber – und ist weithin heute noch – der Terminus *kam* (auch *cham* bzw. *gam*, mongolisch *kami*) für den Schamanen gebräuchlich; Schamaninnen wurden hier anders, nämlich – einheitlich – mit dem Ausdruck *udagan* bezeichnet. Mit dem Erstarken der „Osttürken" seit der Antike und ihrer Expansion über Innerasien hinaus bis an die Grenzen Europas im Frühmittelalter fand auch der Begriff *kam* eine weitere Verbreitung: Er war den Hunnen bekannt, lebt heute noch im Ungarischen fort (*kám*, „Wahrsager, „Seher") und fand im fernöstlichen Korea zumindest noch im 19. Jahrhundert Verwendung (*degam* bzw. *tekam*). Von den Turkvölkern übernahmen ihn auch die Russen (*kamlanie*, „schamanistische Séance"). Eine Ausnahme unter den turksprachigen Ethnien Innerasiens machten, scheinbar, einzig die Jakuten, die infolge der kriegerisch-politischen Umwälzungen während des frühen und des Hochmittelalters (Mongolen) aus der Baikalsee-Region nach Norden ins mittlere Lena-Gebiet abgedrängt wurden. Bei ihnen nämlich lautet die Bezeichnung für den Schamanen *ojun* (bzw. *oiun*), für die Schamanin *udojan*. Da letzteres lediglich eine Variante des gemeintürkischen *udagan* ist, das *uda-kam* entspricht, liegt ein ursprünglicher Zusammenhang auch zwischen *ojun/ojan* und *kam* (*\*ojam* > *\*o-kam*) immerhin nahe. Russische Philologen vermuten überhaupt, daß selbst eine

Beziehung zwischen tungusisch *sama* und türkisch *kam* besteht. Das würde bedeuten, daß früher, in der alten Zeit der „altaischen" Sprachgemeinschaft, zumindest bei den Taiga- und Steppenvölkern Sibiriens ein gemeinsamer Terminus für „Schamane" (auch für „Schamanin") üblich war.

Bei den Turkvölkern Zentralasiens (Kasachen, Usbeken, Kirgisen, Türkmenen u. a.) wurde der alteigene Ausdruck *kam* allerdings im Zuge der Islamisierung im Mittelalter weithin durch den Terminus *bakshi* (auch *baksy*) verdrängt, der wiederum dem Sanskrit entstammt, das heißt auf *bikshu*, die Bezeichnung für die buddhistische Geistlichkeit, zurückgeht. Die Schamanen nannte man nunmehr so, weil sich mit der Zeit die Unterschiede zwischen ihnen und den geistlichen Repräsentanten aller vorislamischen Religionen dieses Gebiets verwischten und sie so generell als die letzten priesterlichen Offizianten des vorangegangenen „Heidentums" erschienen.

Noch älteren Ursprungs ist der in diesem gesamten Bereich ebenfalls weiter, wenn auch weniger durchgängig (zum Beispiel in der Choresm-Oase, bei Karakalpaken und Türkmenen) verbreitete Terminus *porchan*. Er setzt sich aus persisch *pari* (*peri*), „Geist", und *chodan*, „lesen", zusammen und stellt ein altes Erbe der hier ehemals altansässigen iranischsprachigen Substratbevölkerung dar. Eigentlich bezeichnet er „einen, der mit dem bösen Geist von Besessenen abrechnet", spielt also eher auf den exorzistischen Aspekt des Schamanismus an.

Sonst waren, jenseits dieses geschichtlich so dynamischen mittelasiatischen Raumes, immer nur je eigenethnische, bzw. eigensprachliche Termini von ehestens sehr begrenzter überregionaler Verbreitung gebräuchlich – bei den Nuristani („Kafiren") in Nordafghanistan zum Beispiel *pshur*, bei den Kalash in Chitral *dehar*, bei anderen dardsprachigen Gruppen nach Osten zu *daiyal*, daneben teils noch der ältere substratsprachige Burushaski-Ausdruck *bitan* (in Hunza vor allem) usf. und analog bei Eskimo (*angakok*), Indianern Amerikas usw.

Das Verbreitungsbild der terminologischen Vorkommen liefert somit bereits gute Hinweise zum besseren Verständnis der besonderen, einflußreichen Entwicklungsgeschichte, die gerade der Schamanismus Hochasiens, speziell der Komplexschamanismus, durchlaufen und die ihm zu seiner quasi paradigmatischen Bedeutung und Berühmtheit verholfen hat.

# III. Kosmologie

## 1. Weltaufbau

Der Schamanismus setzt eine dualistische Weltanschauung voraus, die zwischen dem unmittelbar erlebten Diesseits im Vorder- und einem jenseitigen Hinter- oder Umgrund scheidet. Wie hier die vergänglichen Pflanzen, Tiere und Menschen, hausen dort, neben den Seelen der verstorbenen Lebewesen, die unsterblichen Geistmächte, die alles Geschehen auf Erden letztursächlich bestimmen.

Nach universalem Glauben, wie er generell auch grundlegend für den Elementarschamanismus ist, baut sich der Kosmos aus einer Mittel-, einer Ober- und einer Unterwelt auf. Ihre Grenzen sind jedoch nicht immer und überall gleichsam kantig markiert, sondern gehen vielfach eher verschwimmend ineinander über, je nach der Dichte der angenommenen Materieverteilung: Sie wird „dünner" etwa nach oben, zum Himmel hin und jenseits der Territoriumsgrenzen (in Busch, Wald, Sumpf, Ödnis und Hochgebirge) und „lockert sich" oder „tut sich" vollends „auf" zu *Übergangszeiten*, wie nachts und zwischen den Jahreszeiten, vor allem in der Neujahrsnacht – immer dann strömt gewissermaßen Jenseitigkeit ins Diesseits ein, gehen die Geister, aber auch Götter um und lassen sich Kontakte zu ihnen, wie analog auch „draußen" in Busch, Wald oder Wüste, leichter als sonst herstellen, zu bösen wie guten Zwecken. Im engeren ethnisch-territorialen Eigenbereich, bei Tag und während der Jahreszeiten jedoch erscheint das Stoffliche dichter geschlossen: Der ethnozentrischen Optik nach erlangte das Schöpfungswerk seinen vollendeten Höhepunkt allein im Zentralareal der Erde, wo auch die eigene Gruppe entstand und heute noch lebt; hier besitzt die Diesseitigkeit, das vom Feuchten geschiedene Feste, seine höchste Verdichtung und bestdurchgebildete Gestaltung. Mögliche Passagen zum Jenseits stellen daher in diesem Bereich, abgesehen von den Übergangszeiten, immerwährende „Offenstellen", wie Quellen, Teiche, Felsspalten oder Höhlen, sowie hochreichende „Verbindungsachsen" – alte, großwüchsige Bäume und einzelnstehende hohe Berge – dar. Durch bzw. über sie können Menschen wie Geistmächte (die Ahnen zum Beispiel) müheloser von der einen in die andere Welt gelangen.

Ein differenzierteres Weltbild besaßen die Völker Hoch- und Südostasiens, aufgrund eben der vielfältigen hochkulturlichen Einflüsse, denen sie ausgesetzt waren. In den Einzelzügen entsprechend wechselgestaltig, stimmte es in der Grundstruktur jedoch weithin überein.

Die Erde bildete eine kreisförmige Fläche, die rings vom Weltmeer in Gestalt eines breiten Stroms oder einem Bergring, dem „Weltgebirge", umsäumt war. Den Himmel dachte man sich teils (bei Hirtennomaden) als gigantisches, straff gespanntes Zeltdach aus mehreren miteinander vernähten Hautlagen (mit der Milchstraße als sichtbarer Hauptnaht), teils auch als halbkuppelförmige Feste. Er ruhte indes der Erde an den Rändern nicht bewegungslos auf, sondern hob und senkte sich periodisch, so daß zu bestimmten Zeiten Wind und Sturm in die irdische Welt einströmen und Zugvögel im Herbst hinaus- und im Frühjahr wieder zurückgelangen konnten. Die Sterne wurden als Löcher im Himmelsgewölbe begriffen, durch die Licht aus der hellen Oberwelt auf die Erde fiel, ebenso aber auch wieder, je nach Himmelsrichtung, warme oder kalte Winde bliesen. Besondere Bedeutung kam dabei – seiner zentralen Position wegen – dem Polarstern im Zenit zu. Mal sah man in ihm einen gewaltigen kosmischen Nagel, der das Himmelsdach obenhielt, mal eine Öffnung, durch die eine – für das gewöhnliche Auge nicht wahrnehmbare – hölzerne oder metallene „Weltachse" oder auch der „Weltbaum" (meist eine Konifere) führten, die mit dem Fuß auf dem Boden der Unterwelt aufruhten und die Erdscheibe entsprechend im Zentrum, im „Erdnabel", durchstießen, so Ober-, Mittel- und Unterwelt miteinander verbindend. Die beweglichen, dem Anschein nach um den Polarpunkt kreisenden Sterne bzw. Sternbilder, wie den Großen Bären zum Beispiel, glaubte man durch unsichtbare Bänder an ihm oder dem Oberteil der Achse (des Baumes) befestigt, gleichsam angepflockt wie Rene oder Pferde. Weltachse und Weltbaum stellten, für Schamanen wie Geistmächte, eine ideale, weil die direkteste „Verkehrsverbindung" zwischen den Welten dar. Verschiedentlich dachte man sich den Himmel auch von einem zentralen „Weltberg" getragen, dessen Gipfel wieder durch den Polarstern in die Oberwelt ragte. Er besaß oben nach Art eines stumpfen Kegels ein Plateau, auf dem sich das Paradies mit der Unsterblichkeitsquelle oder einem Milchsee und dem himmlischen Teil des Weltbaums befand, gelegentlich auch der Sitz der Götter. Mehrheitlich unterschied man nicht lediglich drei, sondern sieben oder neun Welten, also je drei bzw. vier in der Ober- und Unterwelt. In dem Falle besaß der Weltbaum entsprechend viele Zweigetagen (nach Tannen- oder Lärchenart), der Weltberg Stufengestalt mit je drei, vier oder auch mehr Terrassen.

## 2. Geistmächte

Das Jenseits ist Lebenswelt der spirituellen Wesenheiten, die, wie die Menschen, je nach ihrer hierarchischen Stellung an verschiedene Bereiche und Tätigkeitsfelder gebunden sind und entsprechend unterschiedliche Bewegungsradien besitzen. Schamanen mußten darum genauestens wissen, um ihren Aufgaben erfolgreich nachkommen zu können.

Krankheiten zum Beispiel, und namentlich schwerere, wurden nicht unbedingt von bösartigen Geistern generell, sondern oft ganz bestimmten verursacht, die gleichsam als ihre speziellen „Erreger" galten. Ein Schamane, der nicht wußte, um welche genau es sich handelte, wie sie aussahen und vor allem: wo und wie er sie erreichen konnte, wäre nicht imstande gewesen, sie zu bekämpfen. Nach dem Glauben sibirischer Völker lebten sie in der Unterwelt, in verschiedenen, teils weit von einander entfernten Bereichen. Die Geister, die für Magenleiden verantwortlich waren, hausten, Vorstellungen der Nganasanen (Samojeden auf der Halbinsel Taimyr im Nordwesten Sibiriens) zufolge, in einem mit *Rauhreif* überzogenen Zelt; die „Mutter der Masern" bewohnte ein *blutrotes* Zelt an einem Fluß, war selber rot am ganzen Leib, einschließlich der Haare, und trug Kleider mit blaurotem *Schachbrettmuster*, während die Geister, die Pocken und Geisteskrankheiten verursachten, in Zelten mit *zerrissenen* Planen lebten. Auch einen Geist der Nachgeburt kannten die Nganasanen. Es handelte sich um eine *verwachsene* alte Frau, die in einem Zelt wohnte, das mit *Fischernetzen* bedeckt war, abgetragene Schuhe und lediglich ein Oberkleid trug. An sie hatte sich der Schamane bei Geburtskomplikationen zu wenden.

Für Völker, die ihren Unterhalt sehr wesentlich von Fischfang und Jagd bestritten, besaßen ganz besondere Bedeutung die „Herren der Tiere", insbesondere alle diejenigen, die Verantwortung für die bevorzugt gefangenen Fische und das Jagdwild trugen. Sie dachte man sich meist in entlegeneren Gegenden der diesseitigen Welt residierend – tief in der Taiga, wie den bärengestalteten Herrn aller Tiere, im eisigen Hochgebirge, wie die „Mütter" der Wildziegen und Steinböcke nach dem Glauben der Hindukusch-Völker, im Wurzelwerk des Weltbaums, wie die Herrin der Elche und Hirsche bei den Tungusen, oder auf dem Grund des Meeres, wie Sedna, die Gebieterin aller Meeressäuger und Fische nach Anschauung der Eskimo. An sie wandten sich die Schamanen, wenn kaum mehr Fische ins Netz gehen wollten, Lachszüge ausblieben oder zu mager ausfielen und die Jagd keinen ausreichenden Erfolg mehr brachte.

Drohte dem Bestand der Gruppe Gefahr, weil zu wenig Kinder geboren wurden (oder zu viele starben), mußte der Schamane die Ahnen aufsuchen, um die erforderlichen Seelen zu erbitten, also wissen, wo genau das Totenreich lag und wie man dorthin gelangte, unter Umständen aber sogar auch zum Hochgott ganz fern am höchsten und entrücktesten Punkt der Oberwelt reisen, falls sich die Kinderseelen unter seiner Obhut befanden. Sonst spielten, im Elementar- wie im Komplexschamanismus, an höheren Geistmächten lediglich noch die Erdgöttin und Wetter-, bei Küstenanwohnern auch Meeresgottheiten eine gewisse Rolle.

Letztere konnten Hochseejagden gefährden, mußten zuvor also von den Schamanen entsprechend beschwichtigt werden;

die Erdgöttin trug – bei Völkern mit Bodenbau – für die Fruchtbarkeit des Bodens Verantwortung, Gottheiten, die über die Niederschläge geboten, vermochten reiche Ernteerträge sowohl zu gewähren als auch mit einem Schlag zu vernichten, Jagdunternehmen mit Schneestürmen zunichte zu machen.

Kein Schamane indes konnte bei seinen – immer auch riskanten, gefährlichen – Jenseitsreisen irgend etwas ausrichten ohne den Beistand seiner *Hilfs- und Schutzgeister.* Beide wurden sowohl von den Völkern selbst als auch in der ethnologischen Literatur nur selten klar voneinander geschieden, stellten aber durchaus unterschiedliche Geisttypen mit unterschiedlichen Aufgaben und Zuständigkeiten dar. Erstere waren gewöhnlich „Naturgeister", also etwa Quellen-, Baum-, Wald- oder Berg-, vor allem jedoch Wildgeister. Sie traten daher bevorzugt in Tier-, beispielsweise in Fuchs-, Otter-, Schlangen-, Wolf-, Tiger-, Eulen- oder Raben-, aber auch in Menschengestalt auf, bzw. konnten beide Erscheinungsweisen nach Belieben wechseln. Manchmal standen auch die Seelen verstorbener Schamanen (aus der je eigenen Sippe) den lebenden als Hilfsgeister bei.

In der Regel besaß ein Schamane ihrer mehrere, seltener nur einen einzigen, wie verschiedentlich bei Ethnien Indonesiens (auf Halmahera zum Beispiel einen persönlichen *jin*). Mit ihrer Zahl wuchs die Wirkmächtigkeit des Schamanen, nicht allein in numerischer, auch und mehr noch in qualitativer Hinsicht. Jeder Geist nämlich besaß seine spezifischen Eigenschaften und Kenntnisse, die der Schamane entsprechend nutzen konnte. Fischgestaltige begleiteten und halfen ihm bei Reisen in die Unterwasserwelt, krötengestaltige, wenn er sich unter die Erde begab, vogelgestaltige auf seinen Flügen zu den Göttern in die Oberwelt.

Manche waren geradezu auf bestimmte Krankheiten, wie Tuberkulose oder Pocken, spezialisiert, andere kannten sich besonders in der Behandlung von seelischen Leiden oder in der Geburtshilfe aus.

Um aus der Erfahrung seiner Hilfsgeister auch gebührend schöpfen, sich ihrer Spezialkenntnisse erfolgreich bedienen zu können, mußte der Schamane freilich eine besonders enge und vor allem auch ungetrübte Beziehung zu ihnen besitzen, das heißt sie ebenso geschickt wie behutsam zu lenken, zu kontrollieren, ja zu meistern verstehen. Bei manchen Völkern – Sibiriens wie auch Indianern Nord- und Südamerikas – ergab sich die besondere Bindung schon allein aus dem Umstand, daß die Hilfsgeister von einem auf den anderen Schamanen übergingen, gewissermaßen Erbgut einer Sippe waren. Die Schamanen sprachen sie etwa auch, wie bei Tungusen am Amur (Nanaj, Ultscha, Orotschen u. a.), mit Verwandtschaftstermini an, mit „Großvater" oder „Großmutter" zum Beispiel, mit „Vater", „Mutter", „Bruder" („Brüder"), „Schwester" („Schwestern"), „Onkel" usw. Sie bedienten sie auch, so wie jene ihnen zu Diensten waren, das heißt wahrten die unter Verwandten übliche Reziprozität von Leistung und Gegenleistung, suchten ihnen Gutes zu tun, das familiäre Verhältnis durch das Älteren gegenüber vorgeschriebene ehrerbietige Verhalten und Gaben zu stärken. Dazu war weithin gängige Praxis, sie in kleinen zoo- oder anthropomorphen Idolen (Puppen, Vogelstelen, manchmal auch bloßen Behältern) entweder nur für die Dauer des Rituals (zum Beispiel bei Eskimo und in Japan) oder auch längerfristig, unter Umständen solange der Schamane tätig war bzw. lebte, „einzuquartieren", sie zu „bekleiden" und regelmäßig zu speisen. Während der Séancen hefteten sibirische Schamanen die Abbilder an ihre Zeremonialtracht oder stellten sie dicht um sich herum auf. Bei Tungusen am unteren Jenissei erhielten figürliche Darstellungen von Sonne, Schwan, Kuckuck und (dem mythischen) Donnervogel an der Ostseite, von Mond, Kranich und Lumme (entengroßer arktischer Schwimm- und Tauchervogel) an der Westseite des Zeltes ihren Platz; unmittelbar neben sich postierte der Schamane linkerhand Figürchen einer Grauforelle, eines Fischotters, einer Quappe und eines Wolfes, rechterhand eines Fisches (einer bestimmten einheimischen Art), einer Schlange, einer Eidechse und eines Bären, vor sich ein weiteres in Eidechsengestalt: so war er „rundum" für Unternehmungen in allen Bereichen der jenseitigen Welt gerüstet. Zeigte sich ein Schamane aber unkundig oder ungeschickt in der Führung seiner Hilfsgeister, konnte ihn das teuer zu stehen kommen. Schickte er sie beispielsweise zum Kampf gegen mächtigere Unheilsgeister oder Hilfsgeister eines überlegenen Rivalen aus und sie zogen den kürzeren, kehrten sie aufgebracht zurück und setzten ihrem eigenen Meister zu. Entweder trieb ihn das in den Wahnsinn, ja den Tod, oder sie verließen ihn, und er verlor mit ihnen seine Gaben.

Ein noch engeres Verhältnis als mit diesen ihrer Funktion nach zur Hauptsache „dienstbaren" verband die Schamanen mit ihren *Schutzgeistern*, bzw. „Schutzgöttern" im hochkulturlichen Schamanismus Südostasiens. Gewöhnlich handelte es sich dabei auch nur um eine einzige Geistmacht. Manchmal war das, wie häufiger in den südlichen Taigarandgebieten Sibiriens, die Seele eines verstorbenen Schamanen aus der eigenen Sippe, bei den nördlich davon in der sibirischen Waldzone selbst lebenden Völkern (zumal bei Tungusen und Jakuten) jedoch häufiger eine *weibliche* Geistmacht in vorwiegend theriomorpher, meist in Adler-, Hirsch-, Elch- oder Bärengestalt, die als „Tiermutter" des Schamanen bezeichnet wurde. Sie konnte gelegentlich aber auch anthropomorphe Züge tragen, wie bei den Nanaj am unteren Amur in Ostsibirien, die sie daher wieder, wie analog ihre Hilfsgeister, mit dem verwandtschaftlichen Respektsterminus „Großmutter" (*Īnin Mama*) anredeten.

Der mütterliche Aspekt rührte dabei aus Vorstellungen her, die sich speziell mit der Beziehung zu ihrem Schützling verbanden. Als „Vogelmutter" brachte sie den künftigen Schamanen nämlich, noch vor seiner irdischen Geburt, *im Jenseits* in einem Ei zur Welt, das sie in einem Nest auf dem Weltbaum ablegte und ausbrütete. Bei zu Großem bestimmten Schamanen befand sich das Nest ganz oben in den Ästen der Krone, und es bedurfte bis zu drei Jahren, ehe das „Geistküken" schlüpfte. Bei cervidengestaltigen Schutzgeistern (Elch-, Hirsch-, Renkühen) nahm die „Tiermutter" die Seele des Schamanen zunächst in sich auf, „empfing" ihn also auf diese Weise, und gebar ihn dann, säugte und zog ihn auf. In beiden Fällen war der künftige Schamane, ehe er auf Erden geboren wurde, bereits „Kind" seiner mütterlichen Schutzgeistmacht, das heißt ihr durch Engstverwandtschaft verbunden und hatte teil an ihren spezifischen, spirituellen Eigenschaften und Gaben. Doch nicht allein das: Deutlich verschwamm hier die „Tiermutter" mit der „Herrin der Tiere", bzw. der Vögel oder wichtigsten Arten des Jagdwilds, womit der Schamane gleichzeitig auch zum *„Bruder"* der Tiere wurde, von denen seine Gruppe zur Hauptsache lebte.

Wie typisch für derartige Bindungen (auch das Verhältnis zu christlichen und islamischen „Schutzengeln" etwa), bekam der Schamane seine „Tiermutter" unmittelbar nur dreimal im Leben zu sehen: nach seiner jenseitigen Geburt, während der Initiation und vor seinem Tod, den sie ihm damit ankündigte. Unsichtbar begleitete sie ihn jedoch zeit seines Lebens, stand ihm hilfreich zur Seite, schützte ihn in kritischen Situationen, bzw. ließ ihm warnende Zeichen zukommen, wenn ihm Gefahrvolles drohte.

Das Verhältnis zwischen Schamane und Schutzgeist war in der Tat so eng, daß es gelegentlich geradezu Doppelgängercharakter besaß: Zeigte sich der Schutzgeist in tierischer Gestalt und wurde von einem Jäger verwundet, erkrankte der Schamane an der entsprechenden Körperstelle; kam das Tier zu Tod, starb auch der Schamane. Bisweilen, wie beim tibetischen *Gurtum*, verdichtete sich die Beziehung beider annähernd zur Identität. Der Schamane *war* dann, und zwar immer, nicht lediglich während der Séancen, der Schutzgeist, besaß seine übergewöhnlichen Gaben, sah und handelte wie er. Sonst, wenn es bei einer distanzierteren Bindung blieb, hielt sich der Schutzgeist aber doch allezeit in der unmittelbaren Nähe seines Schützlings auf. Das führte freilich dazu, daß er mit in die Tätigkeiten der Hilfsgeister einbezogen wurde. In derartigen Fällen allerdings nahm er dann, wie die *Īnin Mama* der Nanaj, die Führungsposition unter ihnen ein, leitete sie und dirigierte ihre Unternehmungen.

Auch seinem Schutzgeist, und ihm bevorzugt, begegnete der Schamane mit der gebotenen reverentiellen Aufmerksamkeit, das heißt stellte ihm ein Figürchen oder Behältnis als (temporäre) Wohnstatt zur Verfügung, bezeigte ihm dort seine Ehrerbietung und brachte ihm Speise-, Trank- und andere Opfergaben dar, ja in Tibet, Korea, Taiwan und Japan richteten die Schamanen ihren „Schutzgöttern" auch eigene kleine Heiligtümer mit entsprechendem Kult ein. Verletzte ein Schamane allerdings seine Pflichten, kam seinen Aufgaben lediglich nachlässig nach oder brach mehrfach wichtige Tabus, verließ ihn, falls Warnungen nichts fruchteten, sein Schutzgeist auf immer. Und entsprechend büßte er dann wieder seine schamanistischen Fähigkeiten ein oder verfiel gar auch physisch, wurde schwächer und starb zuletzt.

### 3. Jenseitstopographie

Daß sich der Kosmos aus drei oder mehr „Geschossen", nach unten wie oben hin, aufbaute, eine Achse oder der Weltbaum sie verband, die durch den Polarstern in die Oberwelt ragten, daß es Geistmächte und Gottheiten verschiedener Art und Wirkmächtigkeit gab, war im Grunde, in groben Zügen zumindest, jedermann bekannt; es gehörte zum allgemeinen Vorstellungsgut. Die Schamanen indes, die sich, um ihre Aufgaben erfolgreich lösen zu können, sicher im Jenseits zu bewegen imstande sein mußten, bedurften dazu detaillierterer Kenntnisse.

Die Geister verfügten zwar über einen großen, Raum und Zeit der Menschen transzendierenden Bewegungsradius, besaßen aber in vielen Fällen doch auch ganz bestimmte Bereiche im Jenseits, die ihre eigentlichen Aufenthaltsorte darstellten, in denen sie gewissermaßen „heimisch" waren. Die einen von ihnen mußte der Schamane kennen, um sie finden, andere, um sie sicher umgehen zu können, da ihm dort möglicherweise unüberwindliche Gefahren drohten. Manche Geister, die er aufsuchen und mit denen er in Kontakt treten wollte, lebten etwa in der Unterwelt am Ober- oder Unterlauf bestimmter Flüsse, auf fernen, schwer erreichbaren Bergen, in versteckten Schluchten oder im tiefen Dickicht riesiger Wälder; die einen allein in Zelten oder Hütten, andere in Dörfern, jeweils von charakteristischer Anlage, Bauart und unter Umständen auch Farbe. Die meisten hatten ihre eigene bevorzugte Erscheinungsform; alle sprachen entweder eine allgemeine oder je spezifische „Geistersprachen", die der Schamane beherrschen mußte, um sich mit ihnen verständigen zu können. Oft handelte es sich dabei dem phonetischen Klangbild nach um *Pfeiflautidiome*, in anderen, selteneren Fällen bedienten sich die Geister der Sprache der Menschen, aber in einer besonderen, nur dem Schamanen verständlichen Metaphorik. Bei den Angmagssalik-Eskimo beispielsweise wurde in der Kommunikation zwischen Schamanen und Geistern für „Eis" das Wort „Wasserpelz", für „Seehunde" „die Gaben", für „mein Vater" „mein Ursprung" verwandt; den Begriff „Schamane" selbst umschrieb man mit „derjenige, der halb verborgen ist".

Ein Schamane, der sich etwa in die Unterwelt begab, konnte zwar immer auch auf die entsprechende Ortsvertrautheit seiner Hilfsgeister zählen, hätte sich aber ohne die erforderliche Eigenkenntnis gleichsam blindlings ihrer Abhängigkeit unterworfen. Der erste wichtige Schritt bestand bereits in der Wahl der Durchstiegsstelle. Sie richtete sich konsequentermaßen nach der Lage des Reiseziels, das der Schamane begreiflicherweise möglichst rasch und unter Vermeidung unnötiger Risiken zu erreichen bestrebt war. Und dazu eben bedurfte er genauester Kenntnisse in der Geo- und Topographie des unterweltlichen Jenseits. Er mußte wissen, wohin ein bestimmter Fluß führte, an den er gerade kam, ob er ihm auf- oder abwärts zu folgen oder ihn zu überqueren hatte, was ein einzelner Baum am Weg, eine Felsgruppe vor ihm bedeuteten, ob sie einen wichtigen Orientierungspunkt darstellten oder spezifische Gefahren bargen, ob er aus einer Quelle trinken durfte oder nicht, eine Erscheinung ihm Gutes oder Böses verhieß.

Die Geister selbst erreichte er gewöhnlich auf bestimmten Pfaden, die nur sie zu benutzen pflegten – wie das Wild seine Wechsel. Es gab da nach der Kosmologie der Tungusen zum Beispiel „nächtliche" und „mittägliche", „westliche" und „südliche", „obere" und „untere". Um in Kontakt mit Geistern zu treten, die etwa für eine bestimmte Krankheit verantwortlich waren, mußte der Schamane daher ihren Weg kennen und sicher gehen können, ohne abzukommen.

Ebenso vertraut mußte ihm die Lage des Totenreichs sein, zu dem er die Seelen der Verstorbenen zu geleiten hatte oder das er aufsuchte, um die Ahnen um Kinderseelen oder Hilfe in anderer Sache zu bitten. Der Weg dahin war immer beschwerlich und voller Gefahren, da er durch unterweltliches Ödland führte: durch karge Steppen, Eiswüsten oder undurchdringliche Wälder, vorbei an den Lagerplätzen bösartiger Geister und den Wohnstätten kannibalischer Ungeheuer, über steinige Hochgebirgspässe und zuletzt den Unterweltsfluß. Desgleichen war unabdinglich für ihn zu wissen, wo sich – falls nicht im Totenreich selbst oder beim Himmelsgott – die besonderen Aufenthaltsorte der zur alsbaldigen Wiederverkörperung bestimmten Kinderseelen, die „Geistkind-" oder „Seelenkeimzentren", befanden. Manche Völker glaubten sie auf dem Quellgrund großer Flüsse, an denen sie lebten, im tiefen Innern eines Berges, in Teichen, Seen oder irgendwo auf den Ästen des Weltbaums gelegen. Den genauen Weg dorthin indes kannte allein der Schamane. Als Arzt schließlich mußte er wissen, wo es in der jenseitigen Welt sichere Verstecke für die Seelen besonders gefährdeter, also kränkelnder oder chronisch anfälliger Menschen (vor allem Kleinkinder) gab, wo Geistmächte residierten, deren Schutz er sie anvertrauen konnte.

Ganz besonders boten sich dafür die sogenannten *Schamanen-Territorien* an, gewisse unterweltliche Landstriche, die seit alters von einem auf den anderen Schamanen übergingen. Erreichbar waren sie nur auf einem besonderen Weg, den allein der Schamane kannte und tunlichst geheimhielt. Dort, wo er auf die Grenze des Territoriums stieß, befanden sich nach dem Glauben der Nanaj zum Beispiel als eine Art Torwehr drei heilige Stangen, bei denen bestimmte Geister postiert waren und ständig darüber wachten, daß niemand Fremdes – Geist oder Schamane – Zutritt erhielt. Danach verzweigte sich der Weg in zahlreiche Einzelpfade, die in alle Teile des Gebietes führten. Es gab dort, wie auf Erden auch, Hügel, Gewässer, Täler, Schluchten usw., auch ein Haus mit mehreren – etwa sieben oder neun – Räumen, in denen der Schamane die besonders gefährdeten Seelen unterbrachte. Andere „lagerte" er unter Bäumen, Hügeln, in Quellen oder sonst an geschützten Stellen seines Territoriums „ein"; falls nötig, unterstellte er sie zusätzlich wieder dem Schutz eines oder mehrerer Geister. Starb ein Schamane, zogen sich seine Hilfsgeister auf diese Territorien zurück und „vergruben sich" unter der Erde oder im Gras, um eines Tages, wenn ein neuer Schamanenkandidat zur Berufung anstand, wieder „herauszufallen", wie nach einem Verpuppungsprozeß, und sich ihm anzuschließen.

Derartige Schamanen-Territorien kannten offensichtlich vor allem die Völker des südsibirischen Taigabereichs von den Amurtungusen im Osten bis zu den Altaiern im Westen. Manche Schamanen sollen sogar deren zwei besessen haben. Der strikten Geheimhaltung wegen, die Schamanen, auch zum Schutz der ihnen anvertrauten Seelen, selbst ihren eigenen Leuten gegenüber wahrten, ist jedoch nicht allzuviel darüber bekannt. Erst Jahrzehnte nach der sowjetischen „Säkularisierung", als mit dem Verbot des Schamanismus viel Wissen bereits in Vergessenheit geraten war, konnten russische Ethnologen immerhin noch einiges dazu in Erfahrung bringen.

Insgesamt läßt sich nur mehr annäherungsweise abschätzen, welch ebenso umfängliches wie detailliertes Wissen vor allem sibirische Schamanen – aber beileibe nicht nur sie – von der jenseitigen Welt besaßen. Einige von ihnen, die in den zwanziger und dreißiger Jahren, als ihre Erinnerung noch einigermaßen frisch war, befragt wurden, fertigten ganze Karten voller Einzelheiten an, die genauestens Auskunft über den Verlauf der Jenseitspfade, unterweltlichen Flüsse und Bergzüge, Aufstiegs- und Abstiegspassagen, den Sitz der verschiedenen Krankheitsgeister, Stellen, an denen gefährliche Monstren den vorbeiziehenden Seelen bzw. Schamanen auflauerten, und vieles andere mehr gaben.

# IV. Heranbildung

## 1. Berufung

Ein Schamane mußte über mehr als gewöhnliche Fähigkeiten verfügen. Vor allem verlangten seine Aufgaben von ihm, daß er einen guten, jederzeit aktivierbaren Kontakt zu den Jenseitsmächten besaß. Das setzte auch *deren* Bereitschaft dazu voraus. Von ihr konnte man ohne weiteres beim – sei es unmittelbar oder mittelbar – erblichen Schamanismus ausgehen, wenn also ein verstorbener Schamane jemanden unter den Lebenden seiner Sippe, den er für geeignet hielt, zu seinem Nachfolger bestimmte, das heißt sein Schutz- oder führender Hilfsgeist wurde und so seine eigenen, altüberkommenen Gaben nunmehr auf ihn übertrug.

In allen anderen Fällen ging die Wahl von einer *bestimmten* Geistmacht oder auch mehreren Geistern, seltener einer Gottheit aus. Bei Schamanen, die zu Besonderem ausersehen waren, geschah das, wie schon erwähnt, bereits *vorgeburtlich* durch die „Tiermutter", eine höhere, übergeordnete Geistmacht, gewöhnlich eine „Herrin der Tiere". Manchmal ließ sie ein bereits lebendes, schon mehrere Jahre altes Kind dazu sterben, dessen Verhalten gezeigt hatte, daß es eine besondere, entsprechend geeignete Seele besaß. Elch-, hirsch- oder rengestaltige „Tiermütter" verschluckten die für den künftigen, großen Schamanen bestimmte Seele dann zunächst, wurden „trächtig" und „gebaren" sie als „Junges", das sie aufzogen und schließlich, wieder in Seelengestalt, aber als Wesen von *tiermenschlicher Doppelnatur*, zu seiner Mission auf die Erde entsandten. „Vogelmütter" legten entsprechend ein Ei in einem Nest auf dem Weltbaum – in Sibirien überwiegend einer Tanne oder Lärche – ab und brüteten es aus. Die Zeit bis zum „Schlüpfen" betrug dabei bis zu drei Jahren. Nach Vorstellungen der Jakuten (im mittleren Lena-Gebiet) entschied die Lage des Nestes über Charakter und Wirkweise des künftigen Schamanen: Befand es sich auf der östlichen Seite des Baumes, wuchs der Schamane zu einem ebenso hilfsbereiten wie erfolgreichen Heiler heran; Nester auf der westlichen Seite trugen die Seelen hochbefähigter, aber übelsinniger Schamanen; wer in nördlich gelegenen aufwuchs, besaß gute wie böse Charakterzüge gleichermaßen, während Schamanen südlicher Nester eine besondere Verwandlungsgabe erlangten (und analog konnten gute Schamanen, wenn sie „Säugetiermütter" hatten, von einer weißen Stute aus dem Osten der Welt, unheilvolle von einer blutroten aus dem Westen „vorgeboren" werden). Immer jedoch galt, daß ein Schamane um so mehr Wirkmacht besaß, je höher sein Nest gelegen hatte. War schließlich die Zeit zur Verkörperung auf Erden gekommen, trug ein Vogel – etwa ein Specht – die Seele ins Diesseits hinab und legte sie der zur irdischen Mutter des Schamanen bestimmten Frau auf den *Scheitel* – die Nahtstelle also der Hauptfontanelle, durch die sie hinab in den Leib gelangte und zur Empfängnis führte, bzw. den dort bereits heranreifenden Fetus beseelte.

Bei der Geburt zeigte sich dann ebenfalls häufig, daß es mit dem Kind eine besondere Bewandtnis hatte. Künftige große Schamanen wurden zum Beispiel bereits mit Zähnen geboren, kamen mit einer „Glückshaube", die mitunter den ganzen Leib bedeckte, und überzähligen Fingern (bzw. Zehen) zur Welt oder besaßen ein auffälliges Muttermal. Sie wirkten von frühauf unausgeglichen und nervös, als stünden sie unter einer steten psychischen Spannung, neigten zu Ohnmachtsanfällen und waren verschlossenen, ernsten Wesens, nachdenklich bis vergrübelt, nicht verspielt und heiter wie andere Kinder.

Jahre später erfolgte dann die „*Berufung*" – frühestens nach Abschluß des zweiten Zahnens, wenn das Kind sein erstes wichtiges Entwicklungsstadium abgeschlossen, sprechen und selbständig denken gelernt hatte, überwiegend jedoch während der *Pubertät*. Das geschah auf eine weltweit in den Hauptzügen übereinstimmende, gelegentlich nur geringfügig divergierende Weise. Eines Nachts im Traum, seltener in Visionen bei Tag, zeigten sich dem zum Schamanen Bestimmten entweder die Seelen Verstorbener (vor allem ehemaliger Schamanen) oder, häufiger, gewisse Geister, diese gewöhnlich in Tiergestalt (als Adler, Eule, Hirsch, Bär, Schlange, Kröte usf.), und forderten ihn eindringlich auf, Schamane zu werden. Manchmal handelte es sich anfangs zunächst um Auditionen. Der Kandidat vernahm nur die Stimmen der Geister, ein Wispern, Pfeifen, Singen und Sprechen, dann immer deutlicher die Worte, die sich unmittelbar an ihn richteten. Erst Nächte später erschienen sie ihm dann in voller Gestalt. Willkommen waren ihm diese Gesichte nicht. Die meisten Kandidaten wehrten sich ganz im Gegenteil fast verzweifelt gegen das Begehren der Geister, da sie wußten, was an Entbehrung, Mühsal und Qual auf sie zukam. Die russische Ethnologin Anna Vasil'evna Smoljak erlebte derartige Fälle noch in jüngerer Zeit bei amurtungusischen Gruppen. In einem davon, der sich in den sechziger Jahren zutrug, handelte es sich um eine junge, gebildete und belesene Frau von etwa dreißig Jahren, Mutter mehrerer kleiner Kinder. Wie viele andere ihrer Generation, die ebenfalls noch Berufungserlebnisse hatten, schenkte sie längst den alten Vorstellungen keinerlei Glauben mehr und ließ sich daher, als die Geister sie, ebenso unerwartet wie schockierend für sie, „beriefen", im nächstgelegenen Bezirkskrankenhaus behandeln. Ihr Zustand besserte sich jedoch nicht. Schließlich, nachdem mehrere Jahre so hingegangen waren, rieten ihr ältere Verwandte, sich nicht länger zu quälen, dem Ruf zu folgen, die Schamanentrommel zu nehmen und zunächst wenigstens für sich zu schamanisieren – sie tat das, wie andere auch schon in den Jahren zuvor, und genas.

Die Geister gaben, hatten sie einmal ihre Wahl getroffen, in der Tat nicht auf. Kandidaten, die sich widersetzten, bedrängten sie zunehmend mehr, drohten ihnen schreckliche Strafen an, ja schlugen und folterten sie, wenn nichts anderes helfen wollte. Manche verließen die Ihren, flohen fort in die Wildnis, um den Kampf in der Einsamkeit auszufechten; andere, zumal in neuerer Zeit, suchten zu verbergen, was mit ihnen geschah, da sie selbst nicht so recht daran glauben mochten oder fürchteten, für geistesgestört gehalten zu werden. Doch auf die Dauer konnte das ihrer Umgebung nicht entgehen. Die Betroffenen litten nicht nur unverkennbar, sondern auch auf eine spezifische Weise – man sah sehr rasch, daß sie Opfer der *„Schamanenkrankheit"* geworden waren. Magenbeschwerden, stechender Kopfschmerz und Atemnot machten ihnen zu schaffen, ihre Gliedmaßen, besonders die Beine, versteiften sich, viele wurden von Hautkrankheiten befallen. Vor allem aber quälten sie ihre schrecklichen Träume, die sich teils tagsüber noch in entsprechenden Visionen fortsetzten. Sie begannen, stöhnend, im Schlaf zu wandeln, irrten umher, warfen sich auf den Boden, schrien und phantasierten, sangen zwischendurch auf Schamanenart, verfielen dann wieder in Apathie, wirkten wie weithin entrückt oder versanken in Schwermut. Das konnte sich, wie in dem genannten Fall, über Jahre hinziehen. Ihr Zustand besserte sich erst, wenn sie aufgaben und den Ruf akzeptierten. Taten sie es nicht, wurden sie lebenslang mit Wahnsinn geschlagen oder starben, gewöhnlich auf qualvolle Weise.

Nahmen sie aber an, wie letzten Endes doch die meisten, schwanden ihre Leiden binnen Tagen dahin. Die Geister traten ihnen nunmehr freundlich, ja besorgt und hilfreich entgegen und begannen, sie auf ihren künftigen Beruf vorzubereiten. Sie rieten ihnen, wie sie sich ernähren, verhalten und leben sollten, und unterwiesen sie Schritt für Schritt in allem, was an Kenntnissen, Techniken, Praktiken und Ritualen samt Gesang, Musik und Tanz zur Ausübung ihrer Tätigkeit erforderlich war. Ebendiese Geistwesen, die sie auserwählt hatten und belehrten, wurden dann auch ihre persönlichen Hilfsgeister.

Bei vielen Völkern (Nord- und Südamerikas, Südostasiens und Indonesiens) indes suchten manche Menschen, die sich dem eigenen Empfinden nach zu Schamanen berufen fühlten, auch von sich aus den Kontakt zu den Geistmächten. Sie begaben sich dazu in die Wildnis – in den Wald oder einsame Bergregionen, oft eigens in eine *Höhle* (in Nord- wie Südamerika und Japan zum Beispiel), fasteten dort und unterzogen sich noch weiteren asketischen Übungen und Kasteiungen, bis ihnen eines Tages (oder Nachts) die Geister erschienen, sie ihrerseits akzeptierten und zu belehren begannen. Unter Umständen konnten auch darüber mehrere Jahre vergehen. Wieder in anderen Fällen (mehrheitlich für den Hindukuschraum, Südostasien, Indonesien und Australien belegt) erlebten die Kandidaten, daß sie von den Geistern irgendwohin in die Wildnis, auch in eine Höhle, entführt und dort dann entsprechend belehrt und ausgebildet wurden. Beide Male handelte es sich wiederum um die späteren Hilfsgeister.

Die Berufungen erfolgten, wie gesagt, zumeist während der Pubertät. Aber nicht nur. Sie waren durchaus möglich auch in späteren Jahren, den belegten Fällen nach bis gegen Ende des sechsten Lebensjahrzehnts. Gehäuft traten sie jedoch im Alter zwischen fünfzehn und dreißig auf. Danach wurden Menschen besonders in *kritischen* Situationen berufen, etwa während der Trauer um den Verlust eines Kindes oder des Ehegatten, wenn der Schmerz den Betreffenden von der Diesseitigkeit abund mehr dem Jenseits zugewandt, ihn gleichsam durchlässiger und sensibler für Signale von dort gemacht hatte.

## 2. Verwandlung

Nach Abschluß seiner Ausbildung durch die Geister nahm der Schamane gewöhnlich seine Tätigkeit auf. Jedermann wußte inzwischen, was mit ihm geschehen war. Wer Hilfe brauchte und Vertrauen zu ihm hatte, wandte sich nunmehr an ihn. Und mit dem Erfolg wuchs seine Reputation.

Doch nicht immer blieb es bei der Berufung und Belehrung allein. In manchen Teilen der Welt, und vor allem in Sibirien, hielten die Geistmächte einen weiteren Schritt: eine *tiefgreifende, umfassende Umwandlung* des Schamanenanwärters für erforderlich.

Einige Zeit nach seiner Berufung erkrankte er ein zweites Mal. Er versank in tiefe Bewußtlosigkeit. Abermals traten an seinem Leib gewisse Wundmale in Erscheinung. Dunkelviolette Druckstellen und Blutergüsse wurden sichtbar, Ausschlag und Ekzeme überzogen die Haut. An den Gelenken trat Blut aus, weißlicher Schaum quoll aus dem Mund, der Körper mergelte mehr und mehr aus. Die Symptome bildeten lediglich äußerlich ab, was dem Adepten zur gleichen Zeit, während der nunmehr erfolgenden sogenannten *Schamanen-Initiation*, innerlich widerfuhr. Da man die Zeichen kannte, sonderten die Angehörigen, um einen störungsfreien Verlauf des Geschehenden zu gewährleisten, den „Erkrankten" in einem verhängten Teil der Behausung ab oder richteten ihm draußen im Wald, weitab von der Siedlung, ein Lager oder Zelt ein, das (in Sibirien) mit frisch abgezogener Birkenrinde ausgelegt wurde. Darauf bettete man ihn und ließ ihn von „reinen", das heißt noch im vorpubertären Alter befindlichen Knaben oder Mädchen betreuen.

Die Initiation dauerte in der Regel drei Tage. Der Novize erlebte dabei in einer Art Traumvision, wie ihn die Geister – gewöhnlich dieselben, die ihn berufen hatten – in die Unterwelt entführten und dort dann seinen Leib, säuberlich sezierend, Stück für Stück auseinandernahmen. Als erstes trennten sie seinen Kopf ab und postierten ihn auf ein hochhängendes Wandbrett, um ihm Gelegenheit zu geben, das weitere Geschehen mitverfolgen zu können. Daraufhin trieben sie eiserne Haken in seine Gelenke ein, zogen sie auseinander, lösten dann das Fleisch von den Knochen und zerschnitten es in kleine Teile, die sie mit seinem Blut tränkten und zum Verzehr an die anwesenden Krankheitsgeister verteilten. Auf die dergestalt vollzogene *Tötung* des Kandidaten folgte unmittelbar seine *Wiederbelebung*: Die Knochen wurden wieder zusammengelegt, mit Eisenfäden vernäht und neuem Fleisch umkleidet – das die Geister nach tungusischem Glauben von Angehörigen der Sippe des künftigen Schamanen nahmen, die dazu sterben mußten, und zwar ihrer um so mehr, je mächtiger der Schamane zu werden bestimmt war. Zuletzt wurde der Kopf wieder aufgesetzt. Der Initiand hatte sein Leben wieder, verblieb jedoch zunächst noch in der Unterwelt, um nunmehr, nach seiner Neugeburt, ein zweites Mal von den Geistern unterrichtet zu werden, diesmal detaillierter, noch eingehender in Fragen der Jenseitskenntnis. Seine Mentoren unterwiesen ihn aufs genaueste in der Unterweltstopographie, machten ihn persönlich mit den Geistmächten vertraut, die als

„Herren" (bzw. „Herrinnen") der Pflanzen, Fische und Landtiere verantwortlich für den Erhalt der Nahrungsquellen waren, lehrten ihn, die verschiedenen Krankheitsgeister sicher zu unterscheiden, danach die entsprechenden Heilverfahren zu wählen – und anderes Einschlägige mehr. Danach genas auch der irdische Leib des Novizen. Die Geister ließen seine Seele frei; sie kehrte zurück; der Mensch erstand, von Grund auf gewandelt, zu neuem, einem *anderen* Leben auf Erden. Wahrhaft große Schamanen konnten der Zerstückelungsinitiation zwei-, ja dreimal unterworfen werden.

Dies war zwar die gängigste Form der Verwandlung, doch kamen auch andere vor. Verlauf und Intention des Ganzen stimmten jedoch in den Grundzügen stets überein. Bei einzelnen sibirischen Ethnien (Burjaten und Teleuten zum Beispiel) wurden Fleisch, Eingeweide und Blut nicht verzehrt, sondern eine Zeitlang in einem Kessel gekocht und danach wieder, *gereinigt und erneuert*, mit dem Skelett verbunden. Eine ähnliche Vorstellung herrschte bei Hindukusch-Völkern. Hier zerstückelten die „Feen" Skelett und Fleisch des Schamanenanwärters, *wuschen* das Zerlegte Stück für Stück im Milchsee auf dem Weltberg, um anschließend wieder alles zusammenzusetzen. Nach dem Glauben bestimmter Tungusen-Gruppen wieder wurde der Initiand erst in einem Ofen „erhitzt", gleichsam zum Glühen gebracht, dann herausgenommen und mit Hammer und Amboß regelrecht *„umgeschmiedet"* (ein altes Motiv, das auch aus kaukasischen, ursprünglich skythisch-sarmatischen Heldenepen bekannt ist). In Japan wird von einem berühmten Schamanen (Deguchi), der um die Jahrhundertwende lebte, berichtet, er sei während seiner Initiation in eine ferne Höhle hoch auf dem Takakuma entrückt worden. Von dort aus durchreiste er die jenseitige Welt, erlebte jedoch auch, daß er getötet, mit einem scharfen Messer in zwei Hälften zerteilt, an Felsen in Stücke geschlagen, eingefroren, verbrannt, von Schneelawinen verschlungen und – neben anderem – in eine Göttin verwandelt wurde, bis er schließlich aus seinem Trancezustand wieder zu *neuem Leben* erwachte.

Manchmal kommt der Grundgedanke des Ganzen, die Verwandlung durch Tod und Wiedergeburt zu einem neuen, *anderen* Menschen von *übergewöhnlicher* Art, nur in verkürzter Form zum Ausdruck. Schamanenkandidaten der Iglulik-Eskimo wurden von einem großen Bären verschluckt und verdaut – bis auf das Skelett. Nach dem Wiedererwachen fanden sie sich dann mit einem neuen Leib überkleidet. Wer bei den Aymara in Peru Schamane werden wollte, begab sich dazu in die Einsamkeit, weit fort von allen Menschen. Billigten die Jenseitsmächte seinen Wunsch, wurde er von einem Blitzschlag getötet, von einem zweiten wiederbelebt. In der Zeit dazwischen, während er ohne Bewußtsein war, erfolgte seine Belehrung durch die Geister. Die Andamanen-Insulaner schließlich hielten jeden für zum Schamanen bestimmt, der einen Scheintod starb, also binnen kurzem und *wider Erwarten* erneut zum Leben erstand.

Um ihren Aufgaben voll gerecht werden zu können, bedurften die Schamanen indes, neben ihrer „Übernatur", die sie der Umwandlung generell verdankten, auch ganz spezifischer Fähigkeiten, wie namentlich der Gabe zur *„außersinnlichen Wahrnehmung"*. Dazu nahmen die Geister oft noch gesonderte Eingriffe vor. Bei den Nganasanen durchbohrten sie ihnen zum Beispiel mit dem „Eisenbohrerzeigefinger" die Ohren und den Nacken, damit sie die „Gespräche der Pflanzen", auch der hinter ihnen befindlichen (dafür der Nackendurchstich), hören und verstehen konnten, und tauschten ihre Augen gegen andere aus, die ihnen die erforderliche Hellsichtigkeit verliehen. Gewöhnlich handelte es sich dabei um *Quarzkristalle*, die – wie bei Indianern Südamerikas etwa – als eine Art „versteinertes Licht" begriffen wurden und sich insofern für den Zweck besonders gut eigneten. Manchmal wurden sie nicht nur anstelle der Augen, sondern auch im Gehirn (das sie allmählich „aufzehrten", um anschließend seine Funktionen zu übernehmen) und an anderen Körperstellen eingesetzt. Sie galten dann als besondere *magische Kraftreservoire* oder dienten auch als spirituelle „Waffen" (Geschosse) im Kampf gegen feindliche Schamanen und Unheilsgeister. Gelegentlich faßte man sie auch als Sitz oder gar Verkörperungen der Hilfsgeister auf (u. a. bei den Matsigenka in Peru) und behandelte sie dann entsprechend, indem man ihnen die gehörigen Ehren erwies und sie speiste (u. a. bei Indianer-Gruppen Kaliforniens).

Offensichtlich handelt es sich um eine sehr alte Vorstellung (wofür auch archäologische Hinweise vorliegen), da sie nahezu universale Verbreitung besitzt. Eine ganz besondere, den süd-, teils auch den nordamerikanischen Befunden durchaus analoge Rolle spielten Quarzkristalle so etwa auch in der Schamaneninitiation der australischen *Aborigines*. Nachdem die Kandidaten – die künftigen „*clever men*", wie der in Australien übliche Ausdruck lautet – ihren „Ruf" (das *calling*) erhalten hatten, zogen sie sich in die Wildnis zurück, suchten eine *Höhle* und ließen sich davor nieder. Alsbald in Schlaf oder Trance gesunken, „träumten" sie, wie die initiierenden Geister sie *skelettierten*, die Knochen in einen Beutel packten und sich damit in die himmlische Oberwelt begaben. Dort setzten sie den Körper wieder zusammen, um nunmehr sozusagen mit der „Spezialbehandlung" zu beginnen: Dazu nahmen sie Einschnitte an seinem Körper vor oder durchbohrten auch die Schädeldecke, um durch die Öffnungen dann – also u. a. auch ins Gehirn – gewisse magische Stoffe, vor allem aber Quarzkristalle in den Leib einzuführen; manchmal nahmen sie dafür auch die Eingeweide heraus und ersetzten sie durch die neuen „Zauberorgane".

Nach der Initiation schienen die Kandidaten wie ausgewechselt. Ihre kränkelnde Schwächlichkeit, nervöse Unruhe und gewisse Geistesabwesenheit fielen von ihnen ab. Ihre Persönlichkeit straffte sich gleichsam; sie wirkten nunmehr beherrscht, entschlossen und kraftvoll. Tatsächlich waren sie andere Menschen, genauer: *Doppelwesen* geworden, halb Mensch, halb Geist. Ihre spirituelle Wiedergeburt hatte sie zu „*Blutsverwandten*" ihrer Schutz- und Hilfsgeister gemacht. Das zeigte sich gelegentlich auch daran, daß sie ihren irdischen Eltern ferner rückten und beispielsweise, wie in Korea, nicht während ihres Ablebens anwesend waren und ebensowenig an ihrer Beisetzung teilnahmen. Das „Erbgut", die besonderen Eigenschaften und Gaben ihrer geistigen Eltern, traten fortan in den Vordergrund. Das betraf konsequentermaßen vor allem die spirituelle Seite ihrer Natur, an der die Verwandtschaft mit den Geistwesen sozusagen am dichtesten schloß. Manche Völker, wie namentlich die Amur-Tungusen, waren überzeugt, daß sich die *Freiseele* des Schamanenanwärters (*panjan*) gegen Ende der Initiation *verwandle* oder auch durch eine andere, neue ersetzt werde, die entsprechend auch eine andere Bezeichnung trug (*nëukta*) und nahezu *eins mit dem Schutzgeist* war. Laien wurde das kenntlich, wenn der Schamane amtierte. Er schien dann, wie Indianer Südamerikas beobachteten, zu „leuchten", wie von einer Strahlenaura umgeben. Von solchen, die lediglich simulierten oder nicht zu den richtigen Erklärungen fanden, pflegte man zu sagen: „Ihre Seele ist nicht zu sehen, sie brennt nicht; sie leuchtet nicht."

Neben dem quasi-blutsverwandtschaftlichen Verhältnis mit ihren Schutz- und Hilfsgeistern waren die Schamanenkandidaten während der Initiation aber auch eine gewissermaßen „affinale Verwandtschaftsbeziehung" zu den Krankheitsgeistern eingegangen, da sie ihr Blut und Fleisch mit ihnen geteilt, bzw. zum Opfer, als „Brautpreis" dargebracht hatten. Und das verpflichtete, im einen wie im anderen Falle, wie unter Verwandten generell, zur Gegenleistung, zur strikten *Reziprozität.* Ein Schamane konnte daher später nur Krankheiten heilen oder Übel bekämpfen, deren verantwortliche Geistmächte von seinem Blut und Fleisch gegessen hatten – je mehr es gewesen waren, desto größer seine Wirkmächtigkeit. Daher blieben Schamanen gegen eingeschleppte, neu auftretende Krankheiten, anfangs zumindest, auch erfolglos.

Unter Verwandten und heimisch in der diesseitigen wie in der jenseitigen Welt, vermochten die Schamanen sich gleichermaßen sicher in beiden zu bewegen und besaßen so die erforderlichen, *notwendigen* Voraussetzungen für ihre spezifischen Mittlerfunktionen. Zwei Gaben vor allem folgten daraus ebenso konsequent wie sie typisch für die Aufgaben der Schamanen waren. Das verwandtschaftliche Verhältnis zu ihren Hilfsgeistern setzte sie instand, sich wie diese *in Tiere zu verwandeln* – freilich im Jenseits während ihrer dortigen Aufenthalte und entsprechend den Aufgaben, die sich ihnen stellten. Reisen unter die Erde unternahmen sie etwa in Kröten-, Eidechsen-, Fuchs-, Tapir-, Fisch- oder Otter-, in die Oberwelt in Vogelgestalt. Auf Erden dagegen wählten sie, aus Abschreckungsgründen oder wenn es den Kampf mit einem gegnerischen Schamanen galt, gewöhnlich die Erscheinungsform *großer* Tiere: von Hirschen, Elchen und Adlern zum Beispiel, auffallend oft jedoch auch von *Feliden*, vor allem von Tigern (Ostsibirien, Südostasien) und Jaguaren (Südamerika).

Zum zweiten hatten sie, wie schon erwähnt, durch die Verwandlung die Gabe der *Hellsichtigkeit*, oder allgemeiner: der „außersinnlichen Wahrnehmung" generell gewonnen; denn sie schloß zumeist auch die Befähigung zu Auditionen, Telepathie und Präkognition, ja zur Psychokinese mit ein. Schamanen konnten, auch außerhalb des Trancezustandes, Geister und Verstorbene sehen (bzw. sprechen oder singen hören), ebenso tief in die Vergangenheit zurück- wie weit in die Zukunft vorausschauen; sie waren so immer auch die „Seher" ihrer Gesellschaften. Manche vermochten bei Berührung eines Gegenstandes (eines „Induktors" in der parapsychologischen Terminologie), den sie in die Hand nahmen, zu sagen, wem er gehörte, ja was der Betreffende gerade tat (sogenannte Psychometrie; u. a. etwa von den Micmac im Nordosten Nordamerikas berichtet). Der russische Ethnologe Vladimir Bogoraz sah eine Tschuktschen-Schamanin aus einem größeren Stein kleinere herauspressen und das „Experiment" auf seine Bitte hin, da er an eine geschickte Täuschung glaubte, sofort und ebenso erfolgreich wiederholen. Tungusen-Schamanen ließen sich über einen Fluß rudern, um gleich danach, auf ein verabredetes Zeichen hin, unter den Ihren diesseits des Flusses in einem eigens dafür hergerichteten Zelt *ohne Öffnungen* wieder in Erscheinung zu treten. Ähnliches berichtet – neben vielen anderen Autoren – auch Knud Rasmussen, teils nach eigenem Erleben, von den Eskimo. Von derartigen „Tricks" – falls es sich tatsächlich um solche handelt – wird noch die

Rede sein. Weit überwiegend indes nutzten und stützten sich die Schamanen bei ihrer Tätigkeit auf ihre paragnostischen Fähigkeiten, vor allem die Hellsichtigkeit. Wie in analogen Fällen auch sonst, bezogen sich ihre Voraussagen dabei nahezu ausnahmslos auf *unheilvolle* Ereignisse bzw. Entwicklungen.

Ein Schamane konnte seine besonderen Gaben, vor allem die Heilkraft, auch wieder verlieren. Das war – seltener allerdings und ohne sein Verschulden – möglich nach einer bestimmten, beispielsweise zwölfjährigen Frist, die ihm die Geister bereits während der Berufung genannt hatten (für Zentralasien bezeugt); sie zogen sich dann einfach zurück, und der Schamane wurde wieder ein ganz gewöhnlicher Mensch wie andere auch. Mehrheitlich jedoch wurden ihm seine Gaben entzogen, wenn er sein Amt nicht mehr ernst genug nahm, nachlässig und bequem wurde, wenn er wichtige Tabus brach oder schwerwiegende Fehler beging und, nicht zuletzt, die Warnungen, die immer zuvor an ihn ergingen, mißachtete. Da er seine Aufgaben, derentwegen die Geister ihn auserwählt und berufen hatten, nicht mehr zu erfüllen willens war, sahen sie keinen Sinn mehr darin, ihm weiter behilflich zu sein. Also verließen sie ihn, um sich einem geeigneteren, ernsthafteren Kandidaten zuzuwenden – in Fällen noch milderer Verstimmung; in anderen stürzten sie ihn in lebenslänglichen Wahnsinn oder töteten ihn.


## 3. Weihe

Bei vielen, nicht allen Völkern schloß sich der Berufung und Initiation noch eine Lehre an. Die jungen Schamanen suchten dazu einen älteren, besonders erfahrenen und möglichst namhaften Meister auf und baten ihn um Unterrichtung in den mehr praktischen Kenntnissen und Belangen ihrer künftigen Profession. Erforderlich war das vor allem in Kulturen, die ein elaborierteres religiöses Brauchtum und Ritual besaßen, also namentlich im Komplex- und Besessenheitsschamanismus. Fanden sie Aufnahme, begleiteten die Schüler den Lehrer zunächst bei seinen Krankenbesuchen, assistierten ihm bei den Séancen und beobachteten ihn auch sonst bei allem, was er in Ausübung seines Amtes tat. Sie lernten dabei insbesondere, die verschiedenen Krankheiten zu diagnostizieren, das heißt ihre *Ursachen* exakt zu bestimmen – ob etwa ein „Fremdelement" in den Körper des Patienten gelangt war und wo genau es sich befand, ob ein Geist sich der Seele bemächtigt hatte und um welchen genau es sich handelte, wie man im gegebenen Fall dann am besten vorging, welche Heilmittel bzw. therapeutischen Verfahren sich empfahlen usw. Neben der puren praktischen Erfahrung, die der Lehrling dabei gewann, sammelte er so auch speziell detaillierte Kenntnisse in der Heilkräuterkunde, erlernte Praktiken wie den Aderlaß, die Kunst des Kauterisierens, Massagetechniken, das Schienen von Brüchen, kleinere chirurgische Eingriffe und die fallweise angebrachten Zauberformeln, Gebete, Gesänge und Opferarten, die korrekte Ritualgestik, die Geistersprache(n) sowie, nicht zuletzt, weil man sich davon ganz besonders Aufschluß über Anlaß und Verlauf eines Leidens versprach – die Traumdeutung.

Eine solche Lehrzeit betrug in der Regel drei bis fünf Jahre. Manche angehenden Schamanen gingen – nacheinander – auch zu mehreren Meistern in die Schule, um eine möglichst umfassende Ausbildung zu erhalten. In Extremfällen, wie bei den Grönland-Eskimo, konnte sie das an die zehn Jahre kosten.

Zum Abschluß des Lehrgangs fand zumeist ein *förmliches Weiheritual* statt, mit dem der Kandidat gewissermaßen die offizielle Approbation verliehen erhielt. Voraus ging gewöhnlich eine öffentliche „Probe-Séance", manchmal gemeinsam mit seinem Meister (bei Jakuten zum Beispiel), die dem jungen Schamanen Gelegenheit gab zu zeigen, daß er – neben der Gabe und seinem Wissen über die jenseitige Welt, was beides er allein den Geistern dankte – auch über alle mehr praktisch-berufsständischen Fertigkeiten, Techniken und Kenntnisse gebot, um sein Amt korrekt und erfolgversprechend ausüben zu können. Dabei kam oftmals gerade auch der soziale Aspekt, der mit seinem Amt verknüpft war, der *Gemeinschaftscharakter* des Ganzen, deutlich zum Ausdruck. Bei Eskimo-Gruppen erhielt der Weihling zum Beispiel abschließend einen Gürtel zum Zeichen seiner neuerworbenen Würde geschenkt, an den Gaben *aller* Mitglieder der Gemeinschaft geheftet waren – Fransen von Renfell mit kleinen menschengestaltigen Figürchen aus Bein, Nachbildungen von Fischen, Harpunen und anderem mehr. Bei Amur-Tungusen pflegten Meister und Schüler zunächst, gefolgt von den Dorfbewohnern, nacheinander jedes Haus der Siedlung rituell zu umrunden, dann zu betreten. Im Innern führte der Meister eine kurze, mehr formelle Séance durch, die der Schüler lediglich als stummer Zeuge verfolgte. Dennoch geschah auch mit ihm etwas; denn bei jedem Besuch empfing er, wie es hieß, „ein Stückchen Glück". Zuletzt schließlich suchten sie das Haus eines akut Erkrankten auf, den nunmehr der Weihling selbst behandelte.

Hatte er sein Lehrstück zur allgemeinen Zufriedenheit erbracht, sprach ihm, so bei südsibirischen, vor allem tungusischen Gruppen, der Ältestenrat der Gemeinschaft formell seine Anerkennung aus und attestierte ihm damit vor aller Öffentlichkeit seine Eignung und Befähigung zum Schamanen. Das geschah im Rahmen einer Feierlichkeit, bei der Opfer für seine Hilfsgeister dargebracht wurden und sein Lehrer oder sonst ein älterer angesehener Schamane ihm ihren Segen erteilten.

Bei südostsibirischen Tungusen und Mandschu legte man besonderes Gewicht auch auf die charakterliche Eignung des Kandidaten – wiederum mit Blick auf das hohe Maß an sozialer Verantwortlichkeit, das sein Amt ihm abverlangte. Hatten die Ältesten Zweifel an seiner Qualifikation in dieser Beziehung, unterzogen sie ihn einer längeren Prüfung; erschien er ihnen untragbar, stellten sie ihm Bedingungen, die zu erfüllen er nicht in der Lage war, so daß er es vorzog zurückzutreten. Standen mehrere Kandidaten zur Auswahl, fiel die Entscheidung, wer als Bestqualifizierter geweiht werden sollte, nach den Probe-Séancen durch Abstimmung unter den Ältesten.

Bei Völkern, die bereits im unmittelbaren Einflußbereich der Hochkulturen lebten, besaß die Schamanenweihe, wie bei den – offiziell lamaistischen – Burjaten zum Beispiel, oftmals derart komplexe Formen, daß sie kaum mehr von einer Priesterweihe zu unterscheiden war.

# V. Praxis

## 1. Szenerie

Ein Schamane kam, wann immer er gerufen wurde, gleichgültig, um wen es sich bei dem Hilfesuchenden handelte, wie weit der Weg dahin war und welche Witterungsbedingungen herrschten. Die Séancen selbst jedoch begannen gewöhnlich erst ab Einbruch der Abenddämmerung. Da der Schamane des Beistands seiner Geister bedurfte, sich mit anderen auseinanderzusetzen hatte und sich dazu überwiegend in der jenseitigen Welt bewegte, konnte das nur während der Nacht, zur „Geisterzeit", geschehen. „Die Dunkelheit hilft einem dabei", erklärte eine mittelamerikanische Schamanin, „auf den Grund der Dinge zu sehen."

Die Handlung fand meist im Zelt bzw. der Hütte des Patienten, seltener außerhalb, nahe beim Haus oder an einer Weihestätte im Wald (unter einem bestimmten Baum, an einer Stelle am Fluß, bei einem Steinhaufen, an einem Grab), oftmals auch in einem eigens dazu errichteten „Schamanenzelt", wie bei Tungusen zum Beispiel, oder einer speziellen Kulthütte, wie bei Indianer-Gruppen Nord- und Südamerikas, statt, die dann jeweils größeren Umfangs waren, um mehr Teilnehmern Platz zu bieten. Im hochkulturlichen Besessenheitsschamanismus Südostasiens fanden dazu abgesonderte Weihebereiche im Haus des Schamanen oder, häufiger, die schon erwähnten kleinen, dem Dienst seiner Geister (bzw. „Gottheiten") geweihten Tempelchen Verwendung.

Allen kam, entweder generell oder ab Einsetzen der Ritualhandlung, *kosmologische Bedeutung* zu: Sie bildeten mikrokosmisch den makrokosmischen Aufbau des Alls ab, um dem Schamanen die Wege und Übergangsstellen von der einen in die andere Welt gleichsam vor in den Raum zu schreiben und allen Beteiligten die Szenerie des Geschehens greifbar deutlich zu machen. Jedes Zelt, jede Hütte war oder wurde so zur kosmischen Bühnenkulisse: Das Dach stand für das Himmelsgewölbe, der Boden für die Erde, der Mittelpfahl in den üblichen Kegelstangenzelten Sibiriens (*Tschum*) und Nordamerikas (*Tipi*) entsprach dem *Axis mundi* oder Weltbaum, an dem der Schamane (bzw. seine Seele) durch das Rauchloch im Zenit des Zeltes und zuletzt den Polarstern in die Oberwelt aufstieg. Wo ein derartiger Zentralpfosten fehlte, wie in den Kuppeldachzelten („Jurten") Südsibiriens und Mittelasiens etwa, errichtete man ein Stück Baumstamm oder eine Leiter an seiner Stelle; drei, sieben oder neun Astansätze, eingeschlagene Kerben bzw. Leitersprossen markierten die einzelnen Etagen der Welt, die der Schamane bei seinem Aufstieg erklomm.

Draußen in der Natur markierten derartige Ein- und Durchstiegsstellen entsprechend der Fluß, an dem eine Séance etwa stattfand und auf dem der Schamane dann abwärts in die Unter- und aufwärts in die Oberwelt reiste, ein Baum oder ein Grab als Auf- bzw. Abstiegspassage. Bei Tungusen am unteren Amur besaß jeder Schamane seinen eigenen mikrokosmischen Ritualbaum. Er erwarb ihn während der Berufungszeit. Ihm träumte dann nämlich mehrfach von ihm, so daß er seinen Angehörigen genau beschreiben konnte, wie er aussah und wo im Wald er stand. Man suchte ihn daraufhin, fällte und brachte ihn ins Dorf, wo er im Garten beim Haus des Schamanen errichtet wurde. Sofort umgaben ihn, wie man glaubte, unsichtbar in konzentrischer Abfolge drei, sechs oder neun Staketenkreise und versammelten sich, gleich einem Vogelschwarm, die Hilfsgeister auf ihm. Bei der Séance ging jede Reise des Schamanen mit seinem Geistergefolge von diesem zentralen Pfostenbaum aus und führte am Ende auch immer wieder zu ihm zurück.

Einen besonders differenzierten Aufbau besaßen die „Schamanenzelte" der Tungusen im mittleren Sibirien. Sie waren, wie gesagt, geräumiger als die üblichen Wohnzelte gehalten, um mehr Teilnehmern Aufnahme zu bieten, und wurden stets nur zu *einer* Séance errichtet, die sich unter Umständen allerdings über mehrere Nächte hinziehen konnte. Es gab davon verschiedene Typen, je nach den Varianten des kosmologischen Weltbilds. Da man sie strikt – vor allem vor den Russen

– geheimhielt, liegen nur einige wenige Berichte sowjetischer Ethnologen aus den zwanziger und dreißiger Jahren dieses Jahrhunderts dazu vor. Im einen Fall markierte das Zelt eine Insel inmitten des jenseitigen Territoriums des die Séance jeweils durchführenden Schamanen, umspült vom kosmischen Weltstrom, der Ober-, Mittel- und Unterwelt miteinander verband. An der nach Osten gelegenen Eingangs- wie der ihr gegenüberliegenden westlichen Seite des Zeltinnern befand sich je eine „Galerie". Erstere war als Brücke über den Fluß gedacht und wurde von einem großen hölzernen Ren getragen, das mit seinen langen Beinen auf dem Grund des Wassers stand und zugleich den Zugang bewachte. Zwei Reihen von Geistmächten in Form hölzerner anthropomorpher Idole, an den Seiten der Galerie ausgelegt, unterstützten das Tier dabei, um sicherzustellen, daß die „Brücke" nicht von den Wassern mit fortgerissen wurde. Zu Beginn der ersten Nacht krochen die Teilnehmer auf allen Vieren über die „Brücke" ins Zelt, begaben sich also aus der Tagwelt der Menschen über den Strom in die Sphäre der nächtlichen Geisterwelt. War der letzte im Zelt, verschloß der Schamane den Zugang. Niemand durfte den Raum dann während der Dauer der Séance mehr verlassen. Die „Galerie" gegenüber, von übereinstimmender Bauart und ebenfalls mit Idolen – Darstellungen der Ahnen – besetzt, stellte einen „Korridor" dar, durch den sich der Schamane hinaus in die jenseitige Welt begab, um sowohl – flußabwärts – in Kontakt mit den Toten zu treten als auch Jagd auf die Unheilsgeister zu machen, die einem Kind oder Patienten die Seele geraubt hatten. Der Mittelpfahl des Zeltes schließlich entsprach wieder dem Weltbaum. Außen waren ringsherum zahlreiche weitere Holzfigürchen in Fisch-, Vogel-, Landtier- und Menschengestalt aufgestellt. Es waren dies Abbilder der Hilfsgeister, die zum einen das Kultzelt bewachten, zum andern auf Abruf bereitstanden, um im Bedarfsfall mit dem Schamanen durch Wasser zu schwimmen, sich in die Luft zu erheben oder über Land zu laufen. Alle Holzteile des Ganzen, auch die Idole, bestanden aus Lärche. An der östlichen Innenseite des Zeltes und im Falle des zentralen Pfostens handelte es sich um frisch geschlagenes, *„lebendes"*, gegenüber um *„totes"* Trockenholz; die Idole hier waren sogar aus fauligem Material hergestellt, das für Alter stand.

## 2. Kostüm

Eine Séance konnte nur in einem bestimmten, bestehenden oder *ad hoc* dazu deklarierten, bzw. für die Handlung eigens hergerichteten Weiheraum stattfinden. Er gab die Bühne, den kosmischen Orientierungsrahmen für das Geschehen ab. Und ebenso bedurften auch die Akteure selbst, die Schamanen, einer adäquaten Kostümierung, die ihrer Rolle, mehr aber noch ihrer inneren *Verwandlung* Ausdruck verlieh, die erst sie instand setzte, ihren Aufgaben erfolgreich nachzukommen. Wie der Raum das szenische, stellten „Kostüm und Maske" das unmittelbarere, mimische Mittel zum magisch wirksamen Vollzug der Handlung bereit.

Dennoch waren Schamanentrachten nicht überall üblich. In historischer Zeit jedenfalls kannten sie einzig die Völker Nord- und Innerasiens, und auch hier nicht in gleicher Vollständigkeit. Einen Sonderfall stellte der Besessenheitsschamanismus Südostasiens dar. Dort kamen zwar ebenfalls Kostümierungen vor, bildeten aber nicht die Wesensverwandlung des Schamanen, sondern die verschiedenen Geistmächte ab, mit denen er Umgang hatte. Je nachdem, welcher Geist oder welche „Gottheit" gerade Besitz von ihm ergriff, wählte er seine Tracht. Er besaß also nicht ein, sondern immer mehrere Ritualkostüme.

Am vollständigsten waren Schamanentrachten bei den Völkern der sibirischen Taiga, namentlich bei den Tungusen, ausgebildet. Dazu zählten ein etwa knielanger Kittel, Beinkleider, Schuhwerk, Handschuhe und eine oft besonders ausgeprägt gestaltete Kopfbekleidung, unter der das Haar gewöhnlich lang getragen wurde: Wie vielfach auch sonst bei religiösen Würdenträgern, Offizianten, Priestern usw. üblich, durften Schamanen ihr Haar nicht schneiden; es gilt immer als hochgradig vitalkrafthaltig.

Die Schamanentrachten Sibiriens stimmten zwar in vielem überein, repräsentierten gleichwohl aber zwei klar voneinander geschiedene Formen: einen *Vogel-* und einen *Cervidentyp.* Letzterer bildete überwiegend ein Ren, gelegentlich auch ein Reh, einen Hirsch (Maral) oder Elch ab und kam in der Hauptsache bei den zentralen Tungusen und Burjaten vor. Kennzeichnendes Merkmal waren mehrgabelige eiserne Geweihattrappen, teils rückwärtig an den Schultern angebracht, mehrheitlich jedoch als Kopfaufsatz getragen. Eine Vielzahl von Fransen aus Tuch oder Leder an Ärmeln, der Schulterpartie und am Rocksaum deuteten das Haarkleid an.

Sehr viel weiter indes war der Vogeltypus verbreitet. Er fand sich u. a. im Nordosten bei Jukagiren, Dolganen und Jakuten, im mittleren Taigabereich bei Amur- und Zentraltungusen sowie südlich davon bei Mongolen und Altaiern. Längere Stoffstreifen oder Lederbänder, die das Kostüm über und über bedeckten und unten meist bis auf den Boden herabhingen, markierten Schwingen und Federkleid. Dazwischen waren zudem noch echte Vogelfedern, meist von Uhu, Eule oder Adler, angebracht. Früher machten sie auch den Hauptteil der Kopfbedeckung aus. In jüngerer Zeit bestand sie indes, wie im Altai zum Beispiel, nur mehr aus einer Kappe aus rotem Tuch, besetzt mit Metallknöpfen, kleinen Muscheln, Perlbändern, Darstellungen fliegender Vögel und, immerhin noch, einer Troddel aus Uhufedern. Bei den Tungusen im mittleren Sibirien waren auch dem Schuhwerk Nachbildungen von Vogelkrallen aus Lederriemen oder Reihen von Glasperlen aufgenäht.

Offensichtlich handelte es sich also bei den dargestellten Vögeln in der Hauptsache um Adler und Uhu, ersterer charakteristisch vor allem für die ost- und nordostsibirischen, letzterer für die altaischen Schamanentrachten. Beide *Typen* indes, das Vogel- wie das Cervidenkostüm, bestanden vermutlich schon immer nebeneinander: Sie entsprachen nur der wechselnden Aufgabenstellung des Schamanen, der sich mal über oder unter Land (zum Herrn der Tiere im Gebirge oder einem entfernten Teil der Taiga, zu den Toten und Unterweltsgeistern), mal durch die Luft (in die Oberwelt) bewegen mußte.

Einen wesentlichen Bestandteil des Schamanenkostüms bildete immer auch der Gürtel, meist dicht behängt mit Eisenröhrchen und Glöckchen aus Kupfer. Auch der Rock trug neben den erwähnten Fransen gewöhnlich noch zahlreiche weitere Applikationen. Das waren zum einen Darstellungen der Hilfsgeister (Rabe und andere Vögel, Fuchs, Fische, Schlangen, Kröten, Eidechsen, Tiger, Drachen usw.), teils aufgemalt wie bei Amur-Tungusen und Mandschuren, teils aus farbigem Tuch geschnitten oder in figürlicher Form, an Bändern hängend, zum anderen wieder eine Vielzahl von Schellen, Glöckchen und kleinen metallenen Röhren, die bei jeder Bewegung und vor allem beim Tanz einen entsprechenden rasselnden und klingelnden Klanglärm verursachten und sichtlich apotropäischen Zwecken dienten, ferner Nachbildungen von Sonne, Mond und Erde, letztere eine Metallscheibe mit einem Loch in der Mitte (für den Abstieg in die Unterwelt), sowie mehrere Spiegel an Brust und Rücken, ebenfalls aus Metall, in denen der Schamane die Geschicke, Taten und Untaten der Menschen sehen konnte, die er daneben aber auch, wie Schilde, zur Abwehr feindlicher Geistergeschosse (Pfeile zum Beispiel) verwandte oder in denen er, nach Auffassung der Amur-Tungusen, seine Hilfsgeister versammelte.

Vervollständigt schließlich wurde das Ganze noch oft durch schmale längliche Eisenplättchen an Beinen, Armen, Brust, Schultern und Rücken zur „Stählung" des Skeletts und weitere von gerundeter Form – oder auch aufgenähte Applikationen von Luchsfell (Altai) – zum Schutz der Gelenke, vor allem an Handwurzel, Ellbogen und Schultern: offensichtlich um die „Flugfähigkeit" des Schamanen sicherzustellen.

Gelegentlich kamen auch Gesichtsverkleidungen vor. Bei Gruppen im Altai und Tungusen am unteren Amur schwärzten sich die Schamanen das Gesicht mit Ruß, wenn sie in die Unterwelt reisten. Häufiger jedoch wurden Lappen aus Fell, Leder oder Tuch sowie Fransenschleier (bei Sojoten und Jakuten zum Beispiel) benutzt, die entweder das ganze Gesicht oder nur die Augenpartie bedeckten. Die Schamanen wollten sich damit teils feindseligen Geistern gegenüber unkenntlich machen, teils gaben sie an, die Verhüllung erleichtere ihnen die Konzentration. In anderen Fällen wurde sie auch damit begründet, daß sie das Publikum vor dem übermächtigen, unter Umständen tötenden Blickstrahl des Schamanen, vor der „Feuerkraft des schamanischen Schauens", wie die Jakuten sagten, schütze. Seltener – in der Hauptsache im Süden Sibiriens (bei Altai-Völkern und Burjaten), auch bei einzelnen Eskimo-Gruppen – legten Schamanen während der Séance auch Masken an. Gewöhnlich trugen sie anthropomorphe Züge und stellten Geistmächte dar – das heißt: Es handelte sich in diesen Fällen um *Besessenheitsschamanismus*, wie er gelegentlich bei den Eskimo vorkam, besonders aber in den südöstlich an Sibirien angrenzenden lamaistischen Regionen Tibets und der Mongolei gang und gäbe war.

In den Randbereichen nordöstlich, westlich und südlich dieses Hauptverbreitungsgebiets der Schamanentrachten lebten in jüngerer Zeit nur mehr Restformen, charakteristischerweise meist in den Kopfbedeckungen, fort, die immerhin noch den Zusammenhang erkennen lassen. In der Regel nämlich handelte es sich um Hauben, die mit *Federn* besetzt waren – vom Schwan etwa bei Kasachen, sonst wieder von Eule, Uhu oder Adler, auch u. a. in Japan noch.

Insgesamt besaß die besondere „Maskierung", in die der Schamane bei seinen Auftritten schlüpfte, einhellig *Identifizierungsfunktionen*: Sie diente ihm, wie der „Bühnenaufbau", als magisches Instrumentarium, als Mittel, die notwendige Verwandlung zu vollziehen, die ihn instand setzte, die Welten zu wechseln. Dazu wurde er förmlich zum *„Tier"*; nicht jedoch einem beliebigen. Sichtlich – auch nach dem verschiedentlich bezeugten Verständnis der Einheimischen selbst – nahm er die Gestalt seines *„Muttertieres"*, seines persönlichen Schutzgeistes also an, mit dem er zu einem Doppelwesen verschmolz, das seinen Kräften wahrhaft „Flügel" verlieh, ihn doppelt stark machte. Und gleichzeitig umgab ihn, während er, so gewandelt, sich anschickte, seine Aufgaben anzugehen, in Gestalt der aufgemalten und figürlichen Tierbildapplikationen das Heer seiner Hilfsgeister, schreckte das lärmende Geklingel der Metallplättchen, Eisenröhrchen und Glöckchen feindliche Geistmächte wirkungsvoll ab. So trat er, überhöht zum Geistwesen selbst, umwehrt von der Phalanx seiner Gefolgschaft, den Weg durch die Welten an. Die Darstellungen von Sonne, Mond und Erde lieferten ihm eine zusätzliche Orientierung dabei: Das Gewand bildete auch seinerseits eine mikrokosmische Signatur des ober-, mittel- und unterweltlichen Universums.

Derart magisch bedeutungsschwer, konnte das Schamanenkostüm nicht auf beliebige Weise gefertigt werden. Gewöhnlich sah der Schamane noch während seiner Lehrzeit das Tier (Ren, Reh oder Hirsch), dessen Fell ihm bestimmt war, im Traum oder einer Vision. Meist zeichnete es sich durch eine Besonderheit – einen weißen Fleck auf einem der Vorderläufe oder ein verstümmeltes Ohr – aus, so daß er es seinen Angehörigen gut beschreiben konnte. Diese zogen dann aus, um es zu suchen, was unter Umständen mehrere Monate in Anspruch nahm. Die Bearbeitung des Fells und die Herstellung des Gewandes wurden bei Tungusen und Keto zum Beispiel nur im Frühjahr vorgenommen – wenn das Leben und die Kräfte der Natur aufs neue erstarkten. Befaßt damit sollten nach Möglichkeit nur alte Witwen oder junge Mädchen sein, Frauen also, die nicht mehr bzw. noch nicht durch Geschlechtsverkehr verunreinigt waren. Nach seiner Fertigstellung pflegte man das Kostüm bei einigen Gruppen noch eigens zu „weihen". Der junge Schamane reinigte es dazu beispielsweise rituell im Rahmen einer besonderen Zeremonie oder brachte seinen Hilfsgeistern ein Tier zum Opfer dar, mit dessen Blut er das Gewand dann bestrich (bei den Jakuten zum Beispiel).

## 3. Requisiten

Das Schamanenkostüm erfüllte so mehrere magische Funktionen zugleich. Wo es fehlte, gewannen daher verschiedene andere Ritualgerätschaften eine entsprechende Bedeutung. In Südamerika dienten den Schamanen zum Beispiel Leitern, die zum Dach der Hütten hinaufführten, zum Aufstieg in die Oberwelt. Mit Blätterbündeln und Rasseln wurden, mit letzteren auch in Nordamerika, die Stimmen der Hilfsgeister vernehmbar gemacht sowie feindliche Geistmächte abgewehrt. In Innerasien armierten sich die Schamanen dazu, wiederum neben Zweigbündeln (zum Beispiel Rutenbesen aus Weidenreisern), mit Peitschen, Messern, Dolchen und Säbeln, in Südostasien vor allem mit Schellen und Schwertern. Spiegel fanden, in Inner- wie Südostasien, zum Weissagen Verwendung; Federn, insbesondere vom Adler, Muscheln, Knochenperlen, Tierknochen, auffällig geformte kleine Steine und anderes mehr, in Säckchen verwahrt, die der Schamane bei der Ausübung seiner Tätigkeit bei sich trug, bildeten in Nordamerika übliche magische Hilfsmittel.

Steine wie die genannten zählten im übrigen auch sonst – u. a. in Japan, der Mandschurei und in Innerasien – häufig zur Ausrüstung des Schamanen. Bei Tungusen am unteren Amur wurden sie speziell zur Wiederbelebung und Heilung Scheintoter verwandt. Turk- und mongolischsprachige Völker Zentral- und Nordasiens (Jakuten) benutzten sie bevorzugt zum Wetterzauber (sogenannte Regensteine). Sie werden, wie es heißt, im Magen oder der Leber von Schafen, Rindern, Pferden, Elchen und Adlern gefunden.

Praktisch im gesamten asiatischen Verbreitungsgebiet des Schamanismus gehörten zum festen Bestand der Schamanenausstattung auch noch besondere Zeremonialstäbe, denen in Sibirien wieder wichtige Funktionen bei der Séance zukamen. Gearbeitet aus Holz oder Eisen, besaßen sie gewöhnlich eine Länge von 100–120 cm. Bei Nanaj und Ultscha in Ostsibirien liefen sie nach unten zu in ein Messer aus, waren manchmal mit Schlangenhaut oder Seide umkleidet, dabei über und über mit Darstellungen der Hilfsgeister (Vögel, Drachen, Eidechsen, Schlangen, Kröten usw.) bemalt und trugen am oberen Ende entweder einen plastisch herausgearbeiteten Vogel oder die Figur eines weiteren, bärtigen, gelegentlich janusköpfigen Hilfsgeistes, der gleichsam doppelte Sehkraft besaß und dem Schamanen daher besondere Dienste bei der Suche nach verlorengegangenen Seelen und dem Aufspüren feindlicher Geister leistete, die ihm versteckt irgendwo auflauerten. Als Träger oder Sitze der Hilfsgeister galten die Stäbe auch bei den Keto am mittleren Jenissei. Hier handelte es sich um eine dünne Eisenstange, die oben in eine dreizinkige Gabel mit einer oder mehreren Querstreben auslief, auf denen während der Séance, wie Vögel, die Hilfsgeister Platz nahmen. Je mehr solcher Sprossen ein Stab besaß, desto mehr Geister konnte er tragen – als desto wirkmächtiger sah man seinen Besitzer an. Bei den Burjaten und ihnen benachbarten Tungusen-Gruppen dagegen diente der Stab als „Steckenpferd" des Schamanen. Er trug einen Pferde- oder Renkopf und war mit Schellen, Glöckchen, den Fellen kleinerer Pelztiere und verschiedenen Metallgegenständen, wie Nachbildungen von Booten, Steigbügeln, Reitpeitschen und Speeren, behängt. Der Schamane „ritt" auf ihm, wenn er seine Reisen ins Jenseits unternahm.

Ihre Verbreitung, die zentralen Funktionen bei der Séance, die Bedeutung, die sie als Miniaturbäume und Sitz der – vogelgestaltigen – Hilfsgeister, als Abbilder also des Weltbaums, besaßen, deutet insgesamt darauf hin, daß es sich bei den Schamanenstäben um ein sehr altertümliches Ritualrequisit handelt. In dem Zusammenhang sei an die eingangs erwähnte jungpaläolithische Darstellung in der Höhle von Lascaux in der Dordogne erinnert, die neben einer offensichtlich in Trance befindlichen Gestalt mit Vogelkopfmaske eine Stange mit einem Vogel auf der Spitze zeigt – wie noch in rezenter Zeit Schamanenstäbe bei den Amur-Tungusen.

Ein weiteres wichtiges Ritualinstrument bildete die Schamanen-*Trommel*. Sie kam in ganz Sibirien, im Westen auch bei den Samen, ferner in Mittelasien und den angrenzenden Himalayaländern, in Nordamerika vor allem bei den Eskimo und verschiedenen Indianer-Gruppen, in Südamerika dagegen nur mehr vereinzelt, wie bei den Araukanern in Südchile, vor. In der Regel handelte es sich um eine Rahmen- und Einfelltrommel vom Tamburintypus, im Westen und Süden Sibiriens von rundem, im Osten, insbesondere bei Tungusen, Jakuten, Jukagiren und Amur-Völkern, von ovalem Grundriß. Im Innern waren ein Eisenkreuz oder ein einzelnes Griffholz – dann meist durch mehrere parallel dazu verlaufende Eisenstäbe verstärkt – eingesetzt, an denen der Schamane die Trommel hielt. Die Holzteile bestanden aus den unterschiedlichsten Materialien, in Sibirien selbst jedoch meist aus Lärche, Birke oder Weide. Zur Bespannung wurden Ren-, Hirsch- und Pferde- bzw. Fohlen-, im Altai auch Steinbockfelle verwandt. Sie trugen – in Zentral- und Ostsibirien vor allem – auf der Ober-, gelegentlich auch der Unterseite eine reiche Bemalung, die eine Art *Kartographie des Kosmos* darstellte: Querstriche schieden Ober-, Mittel- und Unterwelt voneinander. Im Mittelfeld waren das Meer, das die Erdscheibe umgab, Wald (die Taiga), die großen Flüsse, auf denen sich der Schamane (bei den Tungusen) in die Ober- wie die Unterwelt begab, der Weltbaum mit Vögeln darauf, Tiere und manchmal der Schamane selbst, mit dem Bogen auf ein Wild anlegend (Trancezauber zur Sicherung des Jagderfolgs), zu sehen. Die obere Sphäre markierten Sonne und Mond, Wolken, Sterne und Sternbilder, an denen sich der Schamane beim Aufstieg orientierte, Regenbogen, die ihm als Verbindungsbrücke zum Himmel dienten, und Abbilder verschiedener Geistmächte. Alle Felder gemeinsam zeigten weitere wichtige Fixpunkte der Schamanenreise samt den Wegen, die sie verbanden, sowie – gewöhnlich zoomorphe – Darstellungen der Hilfsgeister, die den Schamanen jeweils begleiteten (Vögel bzw. Land- und Wassertiere). Auch das Griffholz war häufig mit Ornamenten und Geisterdarstellungen bemalt oder beschnitzt, bildete überwiegend jedoch einen einzigen, speziellen Geist, den „Herrn der Trommel", nach, der ihr, wie man glaubte, „Leben" verlieh. In diesen Fällen lief das – senkrecht gehaltene – Holz oben in einen Kopf mit zwei Kupferknöpfen als Augen, unten, sich gabelnd, in zwei Beine, manchmal auch abermals einen Kopf aus. Eine rechtwinklig dazu verlaufende eiserne Querstrebe konnte die Arme des Trommelgeistes markieren. Haltekreuz wie Rahmen waren zudem wieder über und über mit Schellen, Glöckchen und weiteren Metallteilen behängt.

Die Trommel diente verschiedenen Funktionen, manchmal in Kombination, wie sie an sich auch andere Teile der Ausstattung, ja das Kostüm in seiner Gesamtheit schon erfüllten. Mit ihrer Hilfe, dem geschlagenen Rhythmus, versetzte sich der Schamane beispielsweise in Trance oder rief, „wie Soldaten" (so Amur-Tungusen in neuerer Zeit), seine Hilfsgeister zu sich, die sich dann in ihrem Innern versammelten. Bei seinen Reisen im Jenseits schreckte er mit ihrem Klang und dem Metallgeklingel ihrer Anhängsel feindliche Geister ab, bzw. benutzte sie als Schutzschild wider ihre Attacken. Nicht zuletzt aber diente sie ihm, wie verschiedentlich auch der Zeremonialstab, wieder als „Reittier" (Ren, Rehbock, Hirsch oder Pferd) – bezeichnenderweise zur Hauptsache bei den südlichen, mit der Reiterei seit langem vertrauten Völkern Sibiriens. Weiter nördlich stellte sie ein Floß oder Boot dar, mit dem sich der Schamane – bei Tungusen und Keto vor allem – auf dem Weltfluß in die Unter- bzw. Oberwelt begab, oder besaß Vogel-, überwiegend Adlernatur. Dementsprechend wurde der *Schlegel* oft als „Peitsche" zum Antreiben des „Reittieres" begriffen. Meist handelte es sich dabei um ein flaches Holz, in der Regel aus Birke, von ovalem oder rechteckigem Durchmesser, das auf der Schlagseite mit Fell überzogen war, um dem Trommelschlag einen dumpferen Klang zu verleihen. Auf der Rückseite befanden sich dann wieder die üblichen theriomorphen Darstellungen der verschiedenen Hilfsgeister, während das Griffende gelegentlich in Form eines tierischen oder menschlichen Kopfes zugeschnitzt war: Mitunter nämlich verkörperte der Schlegel auch selbst einen bestimmten Hilfsgeist des Schamanen, der etwa spezifische Heilkraft besaß. Tschuktschen-Schamanen zum Beispiel trieben mit dem Schlegel Krankheitsgeister aus, indem sie kräftig damit auf die betroffenen Körperpartien des Patienten schlugen, rieben mit ihm bei Schwergeburten über den Leib der Gebärenden oder gaben ihn Neugeborenen in die Hand, um ihre Wachstums- und Abwehrkräfte zu stärken.

Da die Trommel also ein sehr wesentliches Hilfsinstrument des Schamanen war, bestand zwischen beiden immer auch eine besondere, sehr enge Beziehung. Wie im Falle seines Kostüms sah der Schamane nach seiner Berufung irgendwann im Traum oder auch während einer Séance, die er eigens zu diesem Zweck veranstaltete, den Baum, dessen Holz ihm die Geister für den Rahmen seiner Trommel bestimmt hatten. Er begab sich dann, in Begleitung einiger Männer, *mit verbundenen Augen* in den Wald und identifizierte den Baum, woraufhin seine Gefährten ihn fällten oder – so bei den Jakuten zum Beispiel – das erforderliche Stück absprengten. Im letzteren Fall durfte der Baum keinen ernstlichen Schaden erleiden oder gar infolge des Eingriffs absterben, da dies zum alsbaldigen Tod des Schamanen selbst geführt hätte.

Analog wurde auch das Tier gefunden, dessen Fell für die Bespannung der Trommel bestimmt war. Bei den Samojeden handelte es sich dabei um ein Hausren, das am Fuß des eben genannten Baumes geopfert wurde und mit dessen noch warmem Blut man den entrindeten Stamm bestrich, bevor man ihn, wie hier üblich, fällte. Die Bearbeitung des Fells wie auch die Herstellung der Trommel insgesamt war dann wieder nicht Sache des Schamanen selbst, sondern bestimmter Vertreter der Gemeinschaft.

Bei manchen Gruppen fand anschließend noch eine eigene Zeremonie zur „Belebung" der Trommel statt. Ein Verwandter des Schamanen schlachtete ein *Reitren* aus seinem Besitz, von dessen Fleisch alle gemeinsam aßen. Danach forderte der Schamane die Versammelten auf, sein „Reittier zu zähmen und zuzureiten". Das geschah, indem alle, nachdem er selbst sich zurückgezogen hatte, nacheinander die Trommel zur Hand nahmen, sie mehrere Minuten lang schlugen, aufsprangen, tanzten und eine Séance simulierten. Zuletzt kamen andere, erst schwächere, dann stärkere, schließlich der stärkste Schamane an die Reihe, der das Ritual – hier bei den Tuwinern (Sojoten) am oberen Jenissei – singend zum Trommelschlag mit den Worten beendete: „Dein Pferd ist nun ein lebendes Wesen geworden, fand einen Herrn und ist mit Fleisch überwachsen." Danach erst ging die Trommel, *aus den Händen der Gruppe*, endgültig in den Besitz des neuen Schamanen über.

Fortan bestand zwischen beiden eine Art *Alter Ego*-Beziehung. Beschädigte der Schamane die Trommel während einer Séance oder zerbrach sie gar, mußte er damit rechnen, binnen kurzem zu erkranken, ja unter Umständen zu sterben. Ein Schamane, der es auf die Vernichtung eines anderen abgesehen hatte, konnte sein Ziel erreichen, indem er dessen Trommel zerstörte. Unterlag einer im Zweikampf während einer Séance (der sich also im Jenseits abspielte), erkannte man das daran, daß Blut aus seiner Trommel floß. Einbezogen in die Beziehung war auch der „Trommelgeist", gleichsam der „Dritte im Bunde". Wäre ihm etwas zugestoßen, etwa seitens eines feindlichen Schamanen, hätte auch das wieder entsprechende Konsequenzen für das Leben des Besitzers der Trommel gehabt. Dieser brachte den Geist daher oftmals für die Zeit, in der er nicht schamanisierte, sicherheitshalber an einem möglichst abgelegenen, versteckten Ort in der Taiga unter.

Starb ein Schamane, zerstörte man konsequentermaßen seine Trommel entweder und legte die Trümmer auf seine Bestattungsstätte bzw. hängte sie in einen nahebei stehenden Baum (gelegentlich deponierte man sie allerdings auch unversehrt auf oder bei seinem Grab), oder sie ging über auf einen nächstjüngeren Schamanen aus der Verwandtschaft, während der Schlegel verschiedentlich als kraftspendende Reliquie oder Talisman in der Familie aufbewahrt wurde.

Die Trommel besaß also eine ähnlich zentrale und komplexe Bedeutung wie das Schamanenkostüm, teils auch der Zeremonialstab: Sie bildete den kosmischen Raum ab, in dem der Schamane sich bewegte, half ihm, sich in die dazu erforderliche Trance zu versetzen, rief seine Geister zusammen und diente ihnen wie ihm als abwehrsicheres Boot, Reittier und Transportmittel auf ihren Reisen durch die jenseitige Welt.

Außerhalb Sibiriens konnten einige dieser Funktionen auch von anderen Klangkörpern übernommen werden – in den südlich angrenzenden Regionen Innerasiens zum Beispiel von einfachen, zwei- bis dreisaitigen Streich- und Zupfinstrumenten, oftmals mit *Uhufedern* am Griffbrett, Schellenbäumen (Stäben, an denen ein rechteckiges Brett mit Glöckchen und Schellen befestigt war), Glocken (bei Burjaten-Gruppen), Schlagzeugen (bei Katschinzen zum Beispiel), bestehend aus einem flachen, in der Mitte tellerförmigen und an den Enden ruderblattartig gestalteten Holzstück mit Schlegel, oder Maultrommeln (bei Kasachen, Türkmenen und anderen turksprachigen Ethnien Zentralasiens). Ihr Klang oder Rhythmus versetzte den Schamanen in Trance und rief seine Hilfsgeister herbei, ihr Gerassel wehrte feindliche Mächte ab; speziell die Saiteninstrumente wurden teils wieder auch als „Reittiere" (als „Kamel" oder Vogel bzw. „Uhu") verstanden.

## 4. Séance

Von der pränatalen Geburt durch die „Tiermutter" im Jenseits über Berufung, Initiation und Weihe bis hin zur Herstellung von Tracht und Requisiten war alles „lediglich" Vorbereitung, um den Schamanen zu befähigen, seinen Aufgaben erfolgreich nachkommen zu können, führte letzten Endes allein zur Séance hin, während der er seine erworbenen Fähigkeiten, aber auch seine Einsatz- und Leidensbereitschaft immer wieder erneut unter Beweis stellen mußte: Ein langer und überaus mühseliger Weg, der nur deutlich macht, wie elementar die Probleme, die er zu lösen hatte, für die Menschen waren und welche Schwierigkeiten ihn dabei erwarteten.

Vor einer jeden Séance, die in der Regel, wie schon gesagt, erst nach Einsetzen der Abenddämmerung begann, bedurfte es jedoch noch weiterer, speziellerer Vorbereitungen. Der Schamane fastete zum Beispiel den ganzen Tag, unterzog sich einer gründlichen Reinigung, etwa in einem Dampfbad, und übte gewöhnlich sexuelle Enthaltsamkeit, um nicht „Kraft zu verlieren", wie Indianer Südamerikas das Tabu begründeten. Auch der Raum, in dem die Veranstaltung stattfinden sollte, mußte zuvor gereinigt werden, was etwa durch Ausräuchern geschah. Bei den Ostjaken (Chanten) in Westsibirien verbrannte man dazu harzige Baumrinde im Feuer.

Häufig – in Nordamerika, dem mittleren Sibirien und Zentralasien vor allem – assistierten dem Schamanen auch ein bis zwei ständige Helfer (seine Schüler zum Beispiel) bei der Séance. Sie trafen ein wenig vor ihm ein, oft mit der Trommel, überprüften, ob alles richtig vorbereitet und auch vorhanden war, was gebraucht wurde, erwärmten die Trommel über dem Feuer, um ihr, durch Straffung der Bespannung, den gewünschten Klang zu verleihen, und brachten schließlich, wenn die Versammlung komplett war, nicht selten (in Inner- und Nordasien) ein Tieropfer (Ziege, Schaf, Pferd oder Ren) dar, von dessen Fleisch alle Anwesenden *gemeinsam* aßen und dessen Duft zugleich auch die Hilfsgeister anziehen und zur Teilnahme an dem Zeremonialmahl einladen sollte, damit alle, Menschen, Schamane, Patient und helfende Geister, für die Dauer des Ganzen eine *einzige*, magisch geeinte und „verschworene" Handlungsgemeinschaft bildeten. Später pflegten die Helfer dann dem Publikum zu „übersetzen", was der Schamane während der Trance in meist nur kaum verständlichen Worten vor sich hinsang, murmelte oder gleichsam „gefetzt" herausschrie.

Die wichtigste, schlechthin unabdingliche Voraussetzung für eine erfolgreiche Séance aber war, daß der Schamane in Trance fiel, genauer: *in Ekstase* geriet, das heißt *ganz Seele* wurde und sich so vom Leib befreien und ins Jenseits begeben konnte. Dazu hatten Schamanen in aller Welt eine Fülle von „Techniken" entwickelt. *Ein* gängiges Mittel bildeten Musik und Gesang, begleitet von gleichförmigen, wiegenden Körperbewegungen, also der Rhythmus dabei, verstärkt noch durch den Trommelschlag, dann der Tanz, der sich allmählich steigerte bis hin zur entfesselten Raserei, die schließlich zur Überwältigung, zum Absturz in die Bewußtlosigkeit führte. Bei Eskimo-Gruppen genügte auch schon, daß der Schamane einen Stein gleichmäßig rotierend über einen Felsen rieb.

Häufig indes wurden zur Verstärkung, auch Beschleunigung des Prozesses *Stimulanzien* verwandt. In Ostsibirien inhalierten die Schamanen zum Beispiel den Rauch von wildem Rosmarin, im Hindukuschraum fand bevorzugt Wacholder-, in Nord- und Südamerika Tabakrauch Verwendung, heute in Form von fortgesetztem Zigarettengenuß bis zum Erreichen der Trance. Alternativ – oder ergänzend – pflegten südamerikanische Schamanen Tabak oder Pulver aus gerösteten Bohnen bestimmter Hülsenfrüchtler (das bekannte „Yopo" zum Beispiel) auch zu schnupfen, bzw. geriebene Tabakblätter mit Wasser versetzt zu trinken.

Mehr aber noch dienten gerade hier und in Mittel- sowie Teilen des südlichen Nordamerika bestimmte pflanzliche *Drogen* als Tranceinduktoren. Vielgenutzt – und bekannter geworden durch das neuerliche Interesse der Pharmaindustrie an den entsprechenden Wirkstoffen – war (und ist teils noch) im gesamten tropischen Südamerika beiderseits der Anden vor allem *Ayahuasca* (auch *Caapi*, *Yajé*, *Natema* u.a. Bezeichnungen), ein halluzinogenes Getränk, das aus verschiedenen Arten der Gattung *Banisteriopsis* hergestellt wird, die zu den *Malpighiaceae*, einer Familie der Kreuzblumenartigen, zählt. Dabei handelt es sich um eine Kletterliane, die man sowohl wild gewinnt als auch im Garten beim Haus kultiviert. Man zerstößt sie im Mörser, füllt sie in ein Tongefäß um, gießt Wasser auf und seiht das Gemisch nach einer gewissen Zeit schließlich durch. Genossen werden immer nur kleine Mengen. Die Wirkung rührt hier u.a. von den Alkaloiden *Harmin*, *Harmalin* und *Tetrahydroharmin* her und wird meist noch durch den zusätzlichen Genuß weiterer pflanzlicher Halluzinogene verstärkt. Annähernd ebenso gängige „Einstiegsdrogen" bilden, etwa im gleichen Verbreitungsgebiet, der Stechapfel (*Datura*), eine Gattung der Nachtschattengewächse, der wiederum ebenso im Wildzustand gesammelt wie im Garten gezogen wird und hohe Alkaloidkonzentrationen in Blättern und Fruchtsamen besitzt, in Mexiko und Texas namentlich der Peyotl (*Lophophora williamsii*), eine Gattung der Kakteengewächse, dessen Wirkung auf dem Alkaloid *Meskalin* beruht, und im südlichen Mexiko verschiedene Arten der Psilocybinpilze (insbesondere *Psilocybe mexicana*) mit dem Indolalkaloid und *Psilocin* als den hauptwirksamen halluzinogenen Inhaltsstoffen.

Der Genuß alkaloidhaltiger Pflanzenextrakte wirkt spezifisch auf bestimmte Zentren des Nervensystems. Die Folgen können, je nach Art des Wirkstoffs, unterschiedlich sein, besitzen aber bestimmte Züge gemeinsam, die mal in einseitiger Verstärkung, mal in typischen Kombinationen auftreten. Alkaloide wirken so etwa einerseits anregend (wie *Coffein*) und euphorisierend, daher suchtbildend (wie *Cocain* und *Morphin*), andererseits auch betäubend und, bei Übergenuß, toxisch (wie *Strychnin*, *Nicotin* und *Morphin*), vor allem aber *wahrnehmungsverändernd*. Tests unter klinischen Bedingungen, teils auch Erfahrungen im Selbstversuch von Ethnologen, bestätigten, was süd- und mittelamerikanische Schamanen von ihren Erlebnissen während der Trance berichten: Schon kurz nach Einnahme alkaloidhaltiger Drogen stellen sich Schwindel, Zittern, Beengtheitsangst und Atemnot, bald aber auch ein befreiendes Glücksgefühl ein, begleitet von dem Empfinden, überwirkmächtig zu sein. Die Seele löst sich vom Körper, steigt auf und *fliegt*. Phantastische Landschaften, bevölkert von absonderlich gestalteten Tieren und Geistwesen, tun sich vor ihr auf, Flammen lodern, grelle Blitze erleuchten eine stürmische See oder tauchen wogende Wolkenmeere minutenlang in gleißendes Licht. Die verschiedenartigsten Geräusche, Klänge und Stimmen schlagen ans Ohr des Berauschten; er gleitet durch vielfarbige Fluchten von Spinnweben, Konturen prägen sich aus und verfließen gleich wieder, deutlicher sieht er Reptilien, große *Feliden und Raubvögel*, er erlebt seine *Verwandlung in Tiere* der verschiedensten Art, ja seine eigene *Skelettierung*. Gelegentlich kommt es auch zu Besessenheitsempfindungen. Gegen Ende bleiben Kopfweh, stellen sich Gähnkrämpfe und nahezu immer eine hohe, schmerzhafte Lichtempfindlichkeit, schließlich lähmende Erschöpfung ein. Die Wirkung verstärkte sich überdies noch dadurch, daß die Schamanen vor Einnahme der Droge, wie schon gesagt, mindestens einen Tag lang gefastet hatten.

Die Schamanen Süd- und Mittelamerikas sind besonders bekannt für ihre Nutzung pflanzlicher Halluzinogene – die Natur bot ihnen den Rohstoff dazu in reicher Fülle. In den subpolaren und polaren Gebieten (Eskimo!) Asiens und Nordamerikas dagegen standen ihnen derartige Mittel nicht, oder nur kaum, zur Verfügung. An ihre Stelle traten daher hier andere Verfahren, wie namentlich Musik und Tanz – bis auf eine bedeutsame Ausnahme: In zwei Bereichen Sibiriens, im Nordosten bei den „Paläoasiaten" (Tschuktschen, Korjaken, Jukagiren, Itelmen) und benachbarten Tungusen-Gruppen, im Westen bei finnougrischsprachigen Völkern (Wogulen, Ostjaken) und Samojeden, fand als Droge zum Tranceeinstieg der Fliegenpilz (*Amanita muscaria*) Verwendung, der neben anderen, teils hochtoxischen Giften (zum Beispiel der *Ibotensäure* und ihrem Derivat *Muscimol*) auch das Alkaloid *Muscarin* enthält. Genossen wurden (nur) die Pilzkappen, entweder frisch, gekaut wie ungekaut, oft auch in Extraktform, verdünnt mit Wasser, Renmilch und Pflanzensäften, zum Beispiel von Heidel-, Rauschbeere (*Vaccinium oliginorum*) und Weidenröschen (*Epilobium angustifolium*), oder, und dies schon aus Bevorratungsgründen überwiegend, in getrocknetem Zustand (dadurch Freisetzung des *Muscimol*!). Ein Schamane konnte, je nach Erfahrung (bzw. Gewöhnung), pro Séance drei bis sieben, maximal neun Stück – dann allerdings immer getrockneter – Kappen zu sich nehmen. Die schwankende Zahl (und Verträglichkeit) wird damit erklärt, daß der qualitative Gehalt der Gift- und Rauschstoffe offenbar abhängig von Umweltbedingungen (Boden, Klima, Jahreszeit) ist.

Die Wirkung verstärkte sich auch in diesem Fall durch das vorangegangene Fasten. Gewöhnlich trat sie nach 40 bis 60 Minuten ein. Der Schamane verfiel zunächst in einen knapp einstündigen Tiefschlaf, erwachte dann, sprang zitternd auf, seine Augen glänzten, er begann zu singen und zu tanzen, wobei seine Bewegungen zunehmend fahriger und wilder, seine Worte unverständlicher wurden, wie in Fetzen zerrissen klangen. Die rasch sich steigernde Erregung begleiteten eine erhöhte Unempfindlichkeit gegenüber äußeren Sinnesreizen, wie Schmerz, und euphorische Hochgestimmtheit. Alsbald setzten auch Halluzinationen ein. Die Wahrnehmung des

Schamanen veränderte sich, alles erschien ihm in den Dimensionen vergrößert und verschoben. Er hörte Stimmen, die ihn riefen, sich an ihn wandten – seine Geister kamen, dann erblickte er sie, antwortete, unterhielt sich mit ihnen. Dabei löste er sich allmählich vom Körper, den er jetzt unter sich sah, immer tiefer sinkend, denn er selbst, seine Seele, flog nun mit den Geistern davon – er hatte sein „Flugerlebnis", um schließlich zuletzt, nach Stunden und völlig erschöpft, in einen langanhaltenden erneuten Tiefschlaf zu fallen.

Daß die Pilzdroge in Sibirien einiges Alter besitzt, deutet schon das Verbreitungsbild an: Im Zentralbereich wurde es offenbar von jüngeren nordwärts gerichteten Völkerschüben – den Tungusen, zuletzt im Frühmittelalter den Jakuten – durchbrochen, bei denen der Fliegenpilz als Rauschmittel unüblich war. Doch auch bei den Ob-Ugriern im Westen (Wogulen und Ostjaken) scheint sein Genuß nicht alteinheimischen Ursprungs gewesen zu sein. Die Bezeichnungen für „Fliegenpilz" bei den Wogulen (*pânkh*) wie ihren Sprachverwandten weiter im Westen, den Mordwinen (*panga*) und Tscheremissen (*pongo*), gehen eindeutig auf altiranisch *bangha*, „Hanf", zurück, der tatsächlich sowohl von den alten Iraniern wie den mit ihnen ethnisch wie sprachlich verwandten Skythen und Massageten als Rauschdroge (Haschisch) verwandt wurde. Von den letzteren berichtet Herodot (ca. 490-430 v. Chr.): „Wenn viel Volks beisammen ist, zünden sie Feuer an, setzen sich im Kreise herum und werfen die Früchte [gemeint vermutlich die harzhaltigen Zweigspitzen der Hanfpflanze] ins Feuer. An dem Geruch der verbrennenden Frucht berauschen sie sich dann wie wir Griechen am Wein. Je mehr von den Früchten sie ins Feuer werfen, um so trunkener werden sie, bis sie aufspringen und zu tanzen und zu singen beginnen" (I 201; vgl. IV 75: Skythen).

Andererseits spricht manches wiederum dafür, daß der Fliegenpilz als Rauschmittel schon in den alten Mittelmeerkulturen, jedenfalls in bestimmten präklassischen Mysterienreligionen wie dem Dionysos-Kult, und überdies auch in den mesoamerikanischen Hochkulturen bekannt war; rezent nutzen ihn dort Schamanen einzelner Indianer-Gruppen (wie der Lakandonen und Chol in Chiapas zum Beispiel). In Sibirien selbst wurde die gefährliche Droge in jüngerer Zeit mehr und mehr durch Tabak und Alkoholika, wie Hirse-, Milch- und Rosmarinbranntwein (bei Giljaken), Gerstenbier (Altai) und vor allem Wodka, ersetzt; von letzterem trank ein Schamane pro Séance gut eine Flasche (also ca. ¾ l).

Schamanen, die auf sich hielten, lehnten den Alkoholgenuß jedoch ab, und zwar ausdrücklich mit der Begründung, daß er nur schwächend wirken und ihnen die Fähigkeit nehmen würde, sich in Ekstase zu versetzen. Darin liegt ein wichtiger Hinweis. Generell nämlich herrschte – in Sibirien vor allem, teils aber auch bei Indianern Nord- und Südamerikas – die Auffassung, daß ein wahrhaft „großer" Schamane keinerlei Stimulanzien, namentlich keiner halluzinogenen Drogen bedürfe, sondern imstand sei, allein mittels *gedanklicher Konzentration und Willenskraft* in Trance zu geraten. Und tatsächlich wurden noch Anfang des Jahrhunderts derartige Fälle beobachtet – interessanterweise überwiegend im Bereich des Elementarschamanismus, wie bei nördlichen Tungusen und Tschuktschen etwa. Die Schamanen schlossen dazu die Augen, um „besser nach innen sehen zu können", und nahmen lediglich eine spezifische Art des Atmens – in tiefen, rhythmisch gleichmäßigen Zügen – zu Hilfe.

Bevor sie auf dem Höhepunkt der Séance zum Flug ins Jenseits ansetzten, boten sie ihrem Publikum häufig noch eine Art „Vorprogramm". Sobald das erste Stadium der Trance erreicht, das heißt die physische Unempfindlichkeitsschwelle überschritten war, pflegten sie beispielsweise barfüßig über die glimmenden Kohlen des Feuers zu tanzen, rotglühende Eisengegenstände in die Hände oder den Mund zu nehmen, kochendes Wasser zu trinken, Pfeile zu schlucken (Südamerika), sich Messer, Dolche, selbst Säbel in den Leib zu treiben, mit bloßen Füßen auf scharfkantige Schneiden zu springen oder, wie in Japan, Leitern aus hochkant gestellten Schwertern zu besteigen – alles, wie gelegentlich anwesende Ärzte versicherten, ohne irgendwelche Verletzungen davonzutragen. Manche sibirischen Schamanen leisteten noch Erstaunlicheres. Sie öffneten durch pures Emporheben des Trommelschlegels das Jurtendach und ließen es schneien oder trennten ihren Kopf ab, legten ihn neben sich, um ihn gleich danach wieder aufzusetzen. Trafen die Geister ein, machten sie ihre Stimmen durch Bauchrednerei ebenso deutlich wie differenziert vernehmbar, teils auf so meisterliche Weise, daß der Eindruck die Anwesenden wahrhaft überwältigte. Ein Zeuge – der russische Ethnologe Vladimir Bogoraz (1865–1936) – berichtet von einer Séance bei den Tschuktschen: „Die Illusion war derart stark, daß ich unwillkürlich in die Luft griff, um die sprechende Person zu greifen. Die Töne beginnen irgendwo weit in der Höhe, sie nähern sich allmählich, dringen durch die Wände wie ein Sturm, versinken in der Erde, in deren Tiefen sie verstummen. Es ertönen die verschiedensten Stimmen, Tier- und Vogelstimmen, Fliegengesumm."

Sowjetische Ethnologen sahen in alledem die willkommene Bestätigung ihrer Überzeugung, daß es sich bei den Schamanen um reine Scharlatane handelte, die ihr Publikum gezielt hinters Licht führten, um Einfluß und Macht über die Ihren zu gewinnen und sich dadurch nicht zuletzt auch materielle Vorteile zu verschaffen. Sicherlich spielten im Schamanismus auch „Tricks" eine Rolle. Neben den großen Meistern gab es, wie immer und überall, das Heer der mittelmäßig oder nur gering Begabten, bei denen die Versuchung nahelag vorzutäuschen, was sie aus eigener Kraft nicht vermochten, ihre Zuflucht zu Taschenspielerei, Suggestion und bloßem Hokuspokus zu nehmen, wobei ihnen das Halbdunkel während der Séancen sehr zu Hilfe kam. Gute – und vor allem weniger voreingenommene – Kenner sahen es allerdings anders. Die „Tricks" wurden gewöhnlich nämlich vom Publikum durchaus als solche verstanden. Der Schamane versuchte durch die Meisterschaft, die er dabei bewies, eindrücklich zu demonstrieren, daß er eben *kein* gewöhnlicher Mensch, daß er zu mehr als andere befähigt war. Der Ventriloquismus zum Beispiel diente nicht lediglich als geschickter Kunstgriff; er wurde gewählt, weil er als das adäquateste Mittel erschien, den besonderen Charakter und Klang der Geisterstimmen so treffend wie möglich wiederzugeben. Die „Theatereffekte" bildeten, zumindest bei den Séancen echter Könner, einen *bewußt* einkalkulierten Bestandteil des Ganzen, die notwendige Voraussetzung, um das Vertrauen des Publikums (und Patienten!) in die Zuverlässigkeit und Meisterschaft des Schamanen zu stärken. Auch sie führten, in einem letzten Schritt, wieder nur hin auf den Höhepunkt, das eigentliche Ziel der Séance – den Abflug, die „Seelenreise" des Schamanen, die unerläßlich für die Erfüllung seiner Aufgaben, für das *Überleben der Gruppe* war.

Jedem Anwesenden wurde deutlich, wann das geschah. Die Erregung des Schamanen wuchs zusehends. Immer rascher und härter hämmerte der Trommelschlag. Die Bewegung übersteigerte sich zu rasendem Wirbel. Die Stimmen der Hilfsgeister wurden hörbar. Sie näherten sich, riefen durcheinander, mischten sich, lauter und lauter werdend, zu einem zuletzt ohrenbetäubenden Brummen, Pfeifen, Kreischen und Schreien. Der Schamane begrüßte sie, abgehackt, atemlos, einen nach dem andern, befragte sie, etwa nach den Ursachen der Krankheit, um die es ging, beriet sich mit ihnen. Dann häufig brach plötzlich das Geschehen ab – die Seele hatte den Körper verlassen. Der Schamane sank entweder in sich zusammen, saß mit geschlossenen Augen oder weithin in unergründliche Fernen gerichteten Blicken oder tanzte verhalten zu gedämpftem Trommelschlag weiter und schilderte in summendem, manchmal wimmerndem oder gestammeltem Singsang, meist unverständlich, so daß der Gehilfe „übersetzen" mußte, wo er sich gerade befand, was er sah und erlebte. Suchte er eine abhanden gekommene Seele, konnte er, wie bei den Nanaj in Ostsibirien, auch den Kranken mit einbeziehen. Er befragte ihn dann nach seinen Träumen in der letzten Zeit, denen er Hinweise auf den Aufenthaltsort der Seele und den Weg dahin entnahm. Fielen die Antworten vage aus, kam er unter Umständen vom Weg ab. Dann versuchte er, durch gezieltere Fragen genauere Angaben zu erhalten. Häufiger jedoch waren ihm seine Hilfsgeister dabei behilflich. Das konnte während des „Fluges", aber auch schon zuvor geschehen. Bei den Jukagiren im Nordosten Sibiriens sog der Schamane dazu die Geister mit tiefen und hörbaren Atemzügen in sich ein. Seine Hände hielt er dabei wie zu Krallen verkrampft und die Augen nach oben gedreht, so daß nur das Weiße, zwielichtig schimmernd im Widerschein des nur mehr glimmenden Feuers, sichtbar war. Wortlos saß er darauf eine Weile in der Mitte des Raumes, den Bauch deutlich aufgebläht von den Geistern. Diese eröffneten dann das Gespräch und fragten ihn, warum er sie zu sich gerufen habe, worauf er sie um die Diagnose des betreffenden Falles bat. Die konnte zum Beispiel lauten: „Der untere Unsichtbare peinigt, heraufgekommen; ich hab's gesehen." Der Schamane bedankte sich für die Auskunft, indem er Weihrauch oder „russisches Kraut" (Tabak) inhalierte.

In diesem Fall war also ein Unheilsgeist aus der Unterwelt in den Kranken eingedrungen und die Ursache seines Leidens. Der Schamane hatte nunmehr die Aufgabe, ihn aus dem Leib des Patienten zu treiben. Dazu umtanzte er etwa, von seinen Hilfsgeistern unterstützt, trommelschlagend und Beschwörungen murmelnd den Kranken, legte schließlich den Mund auf die Stelle, wo er den Fremdgeist vermutete, und sog ihn mit kräftigem Atemzug heraus. Das kostete unter Umständen einige Zeit, vor allem aber erhebliche Anstrengung, da sich der Geist gewöhnlich kräftig sträubte, den Leib zu verlassen. Meist sank der Schamane daher anschließend erschöpft zurück und verfiel in eine Art Krampfzustand, aus dem er sich nur mühsam zu lösen vermochte – denn nunmehr befand sich der Geist *in ihm*. „Bewirte mich", verlangte er etwa als Löseentgelt, „mit einem guten Schluck des fünfrubeligen weißen, bitteren Branntweins."

Um die eigentlich schwierigen Fälle handelte es sich indes, wenn es galt, eine verlorene oder geraubte Seele, Ursache für schwere, psychotische Erkrankungen, aufzuspüren und wieder heimzuführen. Das erforderte nicht nur viel Erfahrung im Umgang mit den jenseitigen Unheilsmächten und die ganze Kraft des Schamanen; er bedurfte dazu auch einer möglichst großen Gefolgschaft ebenso kundiger, geschickter und einfallsreicher wie wirkmächtiger Hilfs- und Schutzgeister. Denn teils war die Seele ihren Räubern nur mit Gewalt abzuringen, teils wieder gelang das nur auf trickreiche Weise, durch Überraschung oder mit List. Gott hatte einmal, so berichten die Burjaten zum Beispiel, die Seele eines Menschen an sich gebracht und in einer Flasche eingeschlossen, auf deren Öffnung er seinen Daumen hielt. Der Schamane, den man um Hilfe bat, reiste auf seiner Trommel hinauf in den Himmel, nahm die Gestalt einer Wespe an und stach Gott in die Stirn, so daß diesem vor Schreck der Daumen von der Flasche glitt, der Schamane die Seele zu fassen bekam und sich eilends davonmachte.

Weniger problematisch waren Reisen zum „Herrn der Tiere", wenn es an Jagdwild mangelte und Hungersnot herrschte, zu den Ahnen, zum Hochgott und den jenseitigen Seelenhorten, um unfruchtbaren Frauen zu Kindern zu verhelfen, oder den Geistmächten, die für das Wettergeschehen verantwortlich waren, wenn etwa zuwenig Regen und zuviel Schnee fiel oder langanhaltende Unwetter wüteten, so daß die Menschen kaum mehr das Haus verlassen konnten.

Und immer hatten die Anwesenden teil am Geschehen. Sie erlebten jedoch, was sich zutrug, nicht nur passiv, staunend, erschreckt oder triumphierend mit; sie beteiligten sich auch aktiv daran. Wenn der Schamane die Lieder anstimmte, mit denen er seine Hilfsgeister rief, wiederholten sie das Gesungene, Strophe für Strophe, im Chor; ebenso, wenn er mit einer wiedergewonnenen Seele zurückkehrte und singend von seinem „Rückflug" berichtete. Bei seinen Kämpfen mit feindlichen Mächten im Jenseits unterstützten sie ihn durch ermunternde Zurufe wie „Gib dir Mühe!", „Gut so!", „Halte durch!" Trieb er einen Geist aus, trugen sie zur Verstärkung seiner Bemühungen bei, indem sie seine Beschwörungen und Appelle *unisono* nachsprachen. Es handelte sich stets um eine *Gemeinschaftsveranstaltung*, überall. Wie der Schamane im Auftrag aller, als Mittler, Helfer und Heiler *der Gruppe*, die ihn dazu bestellt und autorisiert hatte, tätig war, trugen ihn alle bei seinen Bemühungen auch mit, standen hinter ihm, halfen ihm, wie seine Hilfsgeister im Jenseits. Überleben zu können, erforderte Solidarität, hatte bruchlose Gemeinschaftlichkeit zur Voraussetzung.

War dann, nach mehreren Stunden, alles vorüber, brach der Schamane zumeist in totaler Erschöpfung zusammen. Manchmal lag er, wachend, noch lange da, ohne ein Wort zu sprechen; häufiger jedoch sank er sofort in tiefen Schlaf, ja in Bewußtlosigkeit, oft über vierundzwanzig Stunden hin. Er hatte das Letzte gegeben, im Dienst für die Seinen.

Schamanistische Séancen besaßen immer ein gut Teil – durchaus auch bewußt angestrebter – effekt- und wirkungsvoller Theatralik, waren geübte, bei wahren Meistern virtuose Inszenierung. Doch weniger um der Unterhaltung als um des Erfolgs der Bemühungen willen, der das Ritual, die mimische Darstellung, das heißt die *magische Beschwörung* des Intendierten zur Voraussetzung hatte; und je perfekter das geschah, desto sicherer war man sich der gewünschten Wirkung.

Trugen manche Séancen auch gelegentlich, über kleinere Strecken hin, komödiantische, ja burleske Züge, beherrschten insgesamt doch eher drückende Spannung, Beklemmung und Düsternis die Szene. Frühe Reisende, die noch Gelegenheit hatten, echte, „große" Schamanen zu erleben, zeigten sich stets aufs äußerste von ihrem tiefen, geradezu tragischen Ernst und der eigentümlich lastenden, unheimlichen Atmosphäre der Séancen beeindruckt, ja ausgesprochen betroffen. Der russische Admiral und Forschungsreisende Ferdinand Petrovič von Wrangel (ca. 1797–1870), ein anerkannt guter und kaum zu Übertreibungen neigender Beobachter, der von 1820 bis 1827 an einer Expedition zur Erkundung Nordostsibiriens teilnahm, schildert seinen Eindruck von Tschuktschen-Schamanen zum Beispiel wie folgt: „Ein echter Schamane ist gewiß eine höchst merkwürdige psychologische Erscheinung. Sooft ich hier und an anderen Orten operierende Schamanen sah, ließen sie immer einen lange dauernden, düstern Eindruck in mir zurück. Der wilde Blick, die blutrünstigen Augen, die heisere Stimme, die mit äußerster Anstrengung sich aus der krampfhaft zusammengepreßten Brust einen Weg zu bahnen schien, die unnatürliche, krampfhafte Verzerrung des Gesichtes und des ganzen Körpers, das emporgesträubte Haar, ja selbst der hohle Ton der Zaubertrommel – alles das gibt der Szene etwas Grauenvolles, Mysteriöses, das mich jedesmal ganz seltsam ergriffen hat."

# VI. Schamanenleben

## 1. Alltag

Schamanen kamen stets selbst für ihren Unterhalt auf. Sie jagten, fischten, bestellten das Feld und führten ein Familienleben wie andere auch. Nur hatten sie eben zusätzlich noch ihre Amtspflichten zu erfüllen, die ihr Dasein erheblich belasteten, da sie dadurch ständig genötigt waren, ihre sonstigen, häuslichen Aufgaben liegenzulassen, zumindest zu vernachlässigen. Denn wann immer sie zu einem Kranken gebeten wurden, ob nachts oder am Tage, mußten sie dem Ruf auf der Stelle folgen. Andernfalls hätten sie ihre Geister, die das von ihnen verlangten, erbittert und gewärtig sein müssen, zur Strafe dafür selber mit einem Leiden geschlagen zu werden. Auch kam hinzu, daß ihnen die Geister zeitweilig, etwa Tage vor einer wichtigen Séance, die Ausübung jeder profanen Tätigkeit untersagten. „Ein Schamane", hörte die russische Ethnologin Anna Vasil'evna Smoljak noch in den siebziger Jahren bei den Nanaj sagen, „gehört nicht sich selbst."

Allerdings konnte er für seine Bemühungen entschädigt werden. Manchmal halfen Verwandte des Kranken, den er behandelte, bei ihm zu Hause aus, belieferten seine Familie mit Wildfleisch oder beteiligten sich an Erntearbeiten. In anderen Fällen erhielt er Geschenke. Tungusen am unteren Amur bezeigten ihre Dankbarkeit und Ehrerbietung, indem sie dem Schamanen nach einer erfolgreichen Séance bunte Bänder und Läppchen sowie Späne eines bestimmten, krafthaltigen Holzes an Kopf, Ellenbogen, Hand- und Kniegelenke hängten. Er bewahrte das dann alles zu Hause auf; und je mehr er davon hatte, so nahm man an, desto größer war der Eindruck, den das auf seine Hilfsgeister machte, die sich dadurch ja auch selbst gewürdigt und honoriert sahen. Vielfach, so bei Indianern Nord- und Südamerikas vor allem, wurden die Schamanen für ihre Bemühungen auch regelrecht „bezahlt" – mit Perlen, Messern, Fellen, Decken, Hängematten und anderen Gebrauchsgegenständen, ja Pferden und Kriegsgefangenen. Manche brachten es damit zu einigem Wohlstand.

Doch eher nur in Ausnahmefällen. Denn abermals achteten ihre Geister darauf, daß Lohn und Leistung in einem angemessenen Verhältnis zueinander standen. Überhöhte Zahlungen mußten zurückgewiesen werden. Tat der Schamane das nicht, bestraften ihn die Geister mit Krankheit. Bei Völkern Mittelasiens nannten sie ihm sogar selbst die Summe, die er als Entgelt akzeptieren durfte.

In Sibirien – verschiedentlich aber auch bei Indianern Nord- und Südamerikas (wie den Flathead und Feuerland-Indianern) – waren die Geister noch rigoroser. Hier hatten die Schamanen auf Entlohnung ganz zu verzichten. Teilweise führte das zu ihrer völligen Verarmung. „Vater", klagte die Tochter eines Nanaj-Schamanen noch 1972 Anna Smoljak gegenüber, „ist vollkommen verarmt; sie kommen aus den verschiedensten Dörfern und bitten ihn zu schamanisieren; niemals lehnt er ab. Er fischt nicht, schlägt kein Holz zu und schamanisiert nur." Meist mußten sich die Novizen bei ihrer Weihe auch öffentlich durch eine Art „Hippokrates-Eid" zu dieser Amtsführung verpflichten. Bei den Burjaten hatten sie beispielsweise zu schwören, jedem Hilfeersuchen auf der Stelle Folge zu leisten und in Fällen, in denen sie gleichzeitig von einem Armen und einem Reichen gerufen wurden, dem Armen den Vorzug zu geben. Jakutische Schamanen-Anwärter gelobten: „Ich verspreche, der Beschützer der Unglücklichen, der Vater der Armen und die Mutter der Waisen zu sein." Bei den Samojeden schworen die Geister selbst den Kandidaten bei seiner Initiierung ein: „Wenn dir eine Frau, eine Waise oder eine Witwe, begegnet, so bemühe dich, ihr mit deiner Kunst zu helfen. Schreite nicht über sie hinweg, indem du sie verachtest, weil sie ohne Verwandte ist. Weigere dich nicht, bemühe dich; vielleicht wirst du ihr helfen können."

Schamanen führten so ein wenig beneidenswertes entbehrungsreiches, meist überaus hartes, ja qualvolles Leben, das ein Höchstmaß an physischer wie psychischer Disziplinierung, Opferbereitschaft und Selbstlosigkeit von ihnen verlangte. Sie standen im Dienst ihrer Gruppe, gaben sich auf für die Ihren, *ohne*, zumindest im eigentlichen Verbreitungsbereich des Elementarschamanismus, irgendeinen Vorteil daraus zu ziehen. Und stets lastete zudem noch die allwache Kontrolle der Geister, die sie berufen hatten, auf ihnen. Ließen sie nach, wurden säumig in der Ausübung ihrer Pflichten, machten die Geister sie krank, trieben sie in den Wahnsinn – oder verließen sie auch ganz einfach, was sie um ihre schamanistischen Gaben brachte. Bei nordamerikanischen Indianern (Creek, Natchez, Comanche, Achomawi u. a.) übte die Gruppe selbst, unerbittlich und mitleidlos, die Überwachung aus. Gelang einem Schamanen mehrmals in Folge die Heilung nicht, wurde er getötet.

## 2. Auftrag

Hauptaufgabe der Schamanen war die *Hut der Seelen*, die nicht nur den einzelnen, sondern *die Gruppe insgesamt* am Leben erhielten, ja ihr letzten Endes Unsterblichkeit verliehen. Den Schamanen allein oblag, gefährdete Seelen zu schützen, notwendigenfalls in Verwahrung zu nehmen, sie von Besessenheit zu befreien, Frauen, die lange Zeit unfruchtbar schienen, beim Gewinn einer Kinderseele behilflich zu sein, verlorene oder geraubte Seelen wiederaufzuspüren und zurückzuführen und die Totenseelen sicher ins Ahnenreich zu geleiten.

Schamanen waren so wahre „Seelenhirten"; und eben darum auch *Heiler* im weitesten Sinne, indem sie generell die Voraussetzungen zum Seelenerhalt zu gewährleisten hatten: prophylaktisch durch die Abwehr jeder Art von Bedrohung, die Sicherung günstiger Witterungsbedingungen, des Nahrungserwerbs und der Reproduktionsfähigkeit, unmittelbar therapeutisch, wenn es zu Störungen im Verhältnis zwischen Menschen und Geistmächten gekommen, das heißt aufgrund von Verfehlungen jemand erkrankt bzw. einem Geisteranschlag erlegen war oder seine Zeugungs- und Konzeptionsfähigkeit eingebüßt hatte, Epidemien ausbrachen oder Naturkatastrophen die Existenz der Gruppe bedrohten. Der Schamane heilte dann nicht lediglich Leib und Seele, bzw. beider gestörte, lebensnotwendige Wechselbeziehung, sondern auch den Bruch im Verhältnis zwischen der Gruppe und ihrer Umwelt, in letzter Instanz also den Geistmächten, die über Land- und Seetiere, Pflanzen, den Bodenertrag, Regen und Winde geboten. Er erkundete die Gründe, vermittelte, veranlaßte die erforderlichen Sühneleistungen und Opfer, bemühte sich, durch versöhnende Maßnahmen und Begütigung die gebrochene Harmonie wiederherzustellen.

Die sicherste Prophylaxe konnte man an sich nur in strikter Treue zum Altüberkommenen sehen. Schamanen wirkten daher nicht von ungefähr immer auch als gestrenge *Hüter der Tradition*. Sie überlieferten und pflegten das Erzählgut der Gruppe, kannten sich wie niemand sonst in Mythen, Sagen und Märchen aus, die sie oft zudem fesselnd und auf das anschaulichste wiederzugeben wußten. Sie besaßen – dies mehr natürlich in den südlicheren Bereichen – die umfassendste Pflanzen- und Heilkräuterkenntnis; sie verfügten über das Wissen und die Erfahrung, Zeichen (Omina) und Träume zu deuten; sie hatten acht auf die Wahrung der moralischen Normen, deren Verletzung zu sühnen, wieder auszugleichen, zu *heilen* ja nicht zuletzt zu ihren Hauptaufgaben zählte.

Das trug ihnen Ansehen und Achtung ein. Betrat ein Schamane ein Zelt oder Haus, begegnete man ihm mit großem Respekt, begrüßte ihn auf das ehrerbietigste, wies ihm den Ehrenplatz zu und bewirtete ihn mit dem Besten. Gleichzeitig blieb jedoch stets, wie Beobachter immer wieder feststellen konnten, eine gewisse Spannung und Unsicherheit im Verhältnis der Menschen zu den Schamanen. Ihre besonderen Gaben, ihre Vertrautheit mit den jenseitigen Mächten, mit Geistern, Göttern und Totenwelt ließ sie wie geheimnisumwittert, ja auch unheimlich erscheinen. Man hielt Distanz zu ihnen. In die Verehrung mischte sich furchtsame Scheu. Schamanen führten daher gewöhnlich ein kontaktarmes, oft ausgesprochen einsames Leben.

Auch zu politischem Einfluß verhalf ihnen das Ansehen, das sie genossen, nur kaum. Schamanen waren nicht von dieser

Welt. Zog man sie bei den Vorbereitungen zu einer kriegeri-schen Unternehmung zu Rat, erwartete man von ihnen Aus-künfte über Standort, Stärke und Bewaffnung des Gegners, dann die magische Unterstützung beim Kampf, nicht aber die eigene Beteiligung daran oder gar die Leitung der Operatio-nen. Nur ausnahmsweise ist die Rede davon, daß Schamanen auch Gruppenoberhäupter waren. Erst unter den gesellschaft-lich differenzierteren Voraussetzungen der mittelalterlichen Nomadenimperien Innerasiens rückten einzelne auch mal, gewissermaßen als „dritte Kraft" zwischen Herrscher- und Adelsfamilien, in die Position von „Hofschamanen" auf. Im Gefolge Tschingis-Khans zum Beispiel hatte dies Amt lange Zeit ein gewisser Koketschu inne, dem der Kaiser großes Ver-trauen schenkte. Vereinzelt lebte die Tradition noch bis ins 19. Jahrhundert fort: Kirgisen-Fürsten und Könige der Balti im Karakorum etwa, in beiden Fällen also Muslime (!), nah-men Schamanen entweder zum persönlichen Beistand und als Ratgeber oder am Hof (in Skardu) für Regierungsbelange ei-gens in Dienst.

## 3. Persönlichkeit

Eigentlich hatten die Schamanen die Unzulänglichkeiten der Schöpfung auszugleichen. In traditionellen Gesellschaften nämlich hielt man die Weltenbildner nicht unbedingt für al-lesvermögend. Sie übersahen manches, machten auch Fehler und ließen sich vom „Trickster", einer Art primordialer Ge-gengottheit, ins Handwerk pfuschen – oft die Ursache gerade für die Schwächen, die Anfälligkeit und Sterblichkeit der Menschen.

Aber sie zeigten, als sie erkannten, daß nicht alles gut war, was sie gemacht hatten, auch Einsehen – und schenkten den Menschen die Schamanen. Nach Überlieferungen der Tukano im nordwestlichen Amazonasraum waren unter den „göttli-chen Urahnen", die als erste Menschen auf die Erde kamen, bereits Schamanen. Die Nanaj am unteren Amur erzählen von einem urzeitlichen „Zauberbaum", auf dessen Zweigen alle zum Schamanisieren notwendigen Gerätschaften wuchsen. Damals schienen noch mehrere Sonnen und verbreiteten eine unerträgliche Hitze. Ein Held namens Chadau schoß sie alle bis auf eine ab. Dann fällte er mit einem Steinbeil den Baum, sammelte die Gerätschaften ein und brachte sie zu den Menschen, „die von da an zu schamanisieren begannen". Noch unmittelbarer als Beauftragter der Götter erscheint der Schamane in einem burjatischen – aber auch sonst in Sibirien weiter verbreiteten – Mythos: „Im Anfang gab es weder Krankheiten noch Tod, bis die bösen Geister die Menschen mit diesen Geißeln zu plagen begannen. Da sandten die Götter den Adler [!] vom Himmel den Menschen zu Hilfe. Aber obwohl er auf die Erde kam, um sie zu schützen: die Menschen verstanden weder seine Sprache noch seine Absicht. Unter diesen Umständen mußte der Adler wieder zu den Göttern zurückkehren. Die Götter forderten ihn daraufhin auf, dem ersten Menschen, dem er auf der Erde begegnen werde, die Schamanengabe zu verleihen. Als der Adler von neuem kam, traf er auch bald unter einem Baum eine schlafende Frau, die von ihrem Mann getrennt lebte, und mit der der Vogel ein Verhältnis hatte, so daß die Frau schwanger wurde. Als die Frau darauf zu ihrem Mann zurückkehrte, gebar sie nach einer bestimmten Zeit einen Sohn, aus dem der erste Schamane wurde."

Das betraf freilich stets nur den *ersten* Schamanen und damit die Einführung des Amtes *an sich*. Alle späteren mußten sich immer wieder erneut den Berufungsleiden und der noch qualvolleren Initiation unterziehen. Allerdings standen die Schamanen nicht gänzlich allein. Gewöhnlich gab es neben ihnen noch andere, die Wahrsagerei betrieben, leichtere Erkrankungen heilten – dann jedoch nur *am Tage* und so auch ohne Geisterbeistand – oder Drogen, wie Ayahuasca, nahmen, um Informationen aus dem Jenseits zu erlangen, Visionen zu erhalten und zusätzlich magische Wirkkraft zu gewinnen. Auch die Grundformen der schamanistischen Praxis waren vielen Laien durchaus vertraut. Man mußte nicht gleich den Schamanen bemühen, selbst wenn es sich um Besessenheitsfälle handelte. In Sibirien zumindest verstanden es auch andere, Geister auszutreiben und in bereitgehaltene Puppen zu bannen, die man dann fortwarf. Erst wenn sie keinen Erfolg damit hatten, rief man den Schamanen zu Hilfe, der eben eigentlich nur und allein für die schweren Fälle, die großen Aufgaben, die schier unlösbar erscheinenden Probleme zuständig war.

Dazu bedurfte es, wie gesagt, vor allem der *Ekstase*, die der Schamane wahrlich wie niemand sonst, ja geradezu virtuos beherrschte. Und das vor allem unterschied ihn von den anderen. Um zu leisten, was ihm aufgetragen war, mußte er in der Lage sein, sich *jederzeit* in den ekstatischen Zustand zu versetzen. Dazu gehörte viel Konzentration und Willenskraft, die ihn auch während der Séance nicht verließen. Es handelte sich um ein *bewußtes* Bemühen. Zumindest „große" Schamanen behielten bei aller „Entrücktheit" immer die Kontrolle über sich und das Geschehen: Sie führten alle erforderlichen Ritualhandlungen korrekt traditionsgerecht durch, standen in ständigem Kontakt mit dem Publikum, waren nicht, wie bei Besessenheit, ihren Geistern untertan, sondern dirigierten und leiteten sie, in einem zumindest partnerschaftlichen Verhältnis. Traten Schwierigkeiten auf oder hatten sie ihre Aufgabe zum Abschluß gebracht, brachen sie, ebenso bewußt und willentlich, die Ekstase ab, das heißt veranlaßten ihre Seele zur Rückkehr in den Körper. Schamanen werden daher zu Recht als „Meister der Ekstase" bezeichnet. Wäre es anders gewesen, hätten sie ihre spezifischen und so schwierigen Aufgaben nur kaum bewältigen können.

Das setzte entsprechende Charaktergaben voraus. Durchgängig werden Schamanen als außergewöhnliche Persönlichkeiten beschrieben. Beobachter rühmen neben ihrem besonderen Konzentrationsvermögen und ihrer Selbstdisziplin immer wieder auch ihre überdurchschnittliche Intelligenz und Gedächtniskraft. Ihr Wortschatz lag häufig erheblich über dem ihrer Gruppenmitglieder. Bei Jakuten-Schamanen konnte er bis zu 12 000 Wörter gegenüber den üblichen 4 000 der Umgangssprache umfassen. Hinzu kamen spezifische poetische und darstellerisch-mimische Gaben. Vielfach dichteten und komponierten sie etliche ihrer Gesänge selbst, geschickt den Ausdruck dabei durch mehrfachen Wechsel im Rhythmus verstärkend. Beschleunigung beim „Reiten" drückten Schamanen der Minussinsker Tataren zum Beispiel dadurch aus, daß sie vom Jambus zum Anapäst, vom Trochäus zum Daktylus übergingen, während sich bei „Ermüdung" nach langer beschwerlicher Reise der Singsang zu gezogenen Spondäen dehnte.

Niemals indes machten Schamanen einen frohen oder gar glücklichen Eindruck. Die Last ihres Amtes und die Verantwortung, die sie für die Ihren trugen, drückten sie sichtlich nieder. Hager und abgezehrt, oft müde und erschöpft von der steten physischen wie geistigen Überanstrengung, bewegten sie sich langsam, manchmal geradezu schleppend, scherzten und lachten nicht, wirkten in sich gekehrt, nachdenklich, ernst, ja finster, hielten sich im Alltag eher fern von den anderen. Dennoch aber erschienen sie immer auch beherrscht und gefaßt, stetig bereit zu tragen, was ihr Los ihnen auflud, und dabei von besonderer, fast unheimlicher Würde im Auftreten, traurig, doch wie mühsam gestrafft zu tragischer Größe, die sie wie eine düstere Aura umgab und ihnen eine Art mysteriöser Strahlkraft verlieh.

In islamisierten und christianisierten Gesellschaften blieben die Schamanen zwar meist ihrem Amt wie ihrem Wesen treu, machten sich aber oftmals die neuen Ideale zu eigen. Sie hielten sich etwa strikter als andere an die Fasten- und Speisevorschriften und bemühten sich überhaupt um eine vorbildliche christliche bzw. islamische Lebensführung. Vielfach neigten sie besonders dem Heiligenkult und der Mystik (im Islam dem Sufismus) zu. Manche Eskimo-Schamanen trugen sogar aktiv zur Verbreitung des Christentums unter den Ihren bei.

## 4. Tod

Schamanen waren Doppelnaturen, nicht Menschen gewöhnlicher Art. Sie gehörten dem Diesseits wie dem Jenseits an und vermittelten, im Dienst wie zum Wohl ihrer Gruppe, zwischen beiden. Insofern teilten sie, ihn vielzählig gleichsam verkörpernd, die Funktionen des Weltbaums, der die Unter-, Mittel- und Oberwelt miteinander verband und trug und der ihnen als Hauptkardinale beim Auf- und Abstieg ins unter- und oberirdische Jenseits diente. Starben große Schamanen, so erzitterte die Welt. Nach dem Glauben der Paviotso (Nevada) ballten sich dann Wolken am Himmel zusammen, Regen strömte hernieder, und die Erde erbebte. Unter Tungusen in Ostsibirien löste der Tod eines Schamanen Angst und Verzweiflung aus. Die Menschen gerieten außer sich, erhoben die Hand wider einander oder erstarrten in stumpfer Untätigkeit. Der Grund, der sie trug, schien zu wanken, das Weltgehäuse zu bersten. Man befürchtete das Schlimmste – bis ein neuer Schamane zur Stelle war, den Schwankenden Halt gab und die erschütterte Ordnung wieder aufs neue ins Lot brachte.

Der tote Schamane aber wurde – jedenfalls in Sibirien zumeist – auf besondere Weise, nicht wie gewöhnliche Menschen, bestattet. Einige Zeit vor seinem Ableben erschien ihm sein Schutzgeist (die „Tiermutter") im Traum und bezeichnete ihm einen *Baum* (meist eine Lärche) in der Taiga, der ihm zur letzten Ruhestätte bestimmt war. Auf dessen Ästen deponierte man dann seinen Sarg, der nicht aus Brettern gefertigt war, sondern aus einem ausgehöhlten Stück *Baumstamm* bestand. An den Zweigen ringsum hängte man sein Kostüm, die Trommel und sein übriges Zubehör auf. In anderen Fällen errichtete man auch eine künstliche Plattform oder schuf ein Gerüst, indem man mehrere dicht beieinander stehende *Bäume* in etwa drei bis vier Metern Höhe durch eine Reihe horizontaler Balken miteinander verband, worauf der Sarg dann gestellt wurde. Bei den (lamaistischen!) Burjaten schließlich pflegte man die Leichname der Schamanen zu verbrennen und die restlichen Knochen- und Schädelteile in einem baumwollenen Sack in einer eigens dazu geschaffenen *Baumhöhlung* beizusetzen, die man anschließend verschloß, so daß später nichts mehr davon sichtbar war. Gewöhnlich besaß jede Ansiedlung einen eigenen Hain mit derartigen Baumgräbern, der nur zu Bestattungszwecken betreten werden durfte. Wäre jemand so vermessen gewesen, einen der Bäume dort zu fällen, hätte das, wie man glaubte, seinen sicheren Tod bedeutet.

So schloß sich der Kreis. Vor seiner Geburt auf Erden von der „Tiermutter" unter den Wurzeln des Weltbaums „vorgeboren" oder in einem Nest hoch oben in seinen Ästen aufgezogen und zeit seines Lebens mit Bäumen, vor allem dem Weltbaum selbst verbunden, fand der Schamane zuletzt seine Ruhestätte wieder auf oder in einem Baum, gewöhnlich weitab von der Siedlung, in der er gelebt hatte, nicht auf dem Begräbnisplatz der Seinen, sondern irgendwo tief in der Taiga oder auf einer entlegenen Anhöhe, wie Uhu und Adler; einsam auch im Tod.

Einer alten Überlieferung der Jakuten zufolge sollen die Adler den Winter in hohlen Bäumen verbringen, schlafend, bis zu ihrem Wiedererwachen im Frühjahr.

# VII. Erklärungsversuche

## 1. Psychologische Thesen

Als die Ethnologie gegen Ende des 19. Jahrhunderts auf den Schamanismus aufmerksam zu werden begann, beherrschte noch der Evolutionismus die Kulturwissenschaften. Völker fernab der modernen euroamerikanischen Industriezivilisationen, und namentlich solche, die noch überwiegend von der Jagd und Sammelwirtschaft lebten, schienen in der Entwicklung zurückgeblieben. Ihrer „rudimentären" Sozialorganisation, ihren „primitiven" Gerätschaften und Technologien konnten ihre Naturauffassungen und religiösen Vorstellungen nur entsprechen. Sie gründeten auf Unverständnis oder fehlerhaften Deutungen der „wahren" Zusammenhänge in der Natur, wie sie erst die neuzeitliche Wissenschaft „richtig" zu verstehen gelehrt hatte. Der Schamanismus, dessen Kern der Geisterglaube und die Überzeugung bildeten, die Vorgänge in der Natur auf „magische" Weise und mit Hilfe jenseitiger Geistwesen bezwingen zu können, stellte da lediglich eine hoch absonderliche, extreme Ausprägung des primitiven Wahnglaubens dar.

Insofern lag nahe, das Phänomen zunächst auf *psychopathogene* Ursachen zurückzuführen. Fast alle, auch namhafte russische Forschungsreisende und Ethnologen, wie Grigorij Nikoleavič Potanin (1835–1920), Dimitrij Nikolaevič Anučin (1843-1923), Vladimir Il'ič Iochel'son (1855–1937), Vladimir Germanovič Bogoraz (1865–1936) und Lev Jakovlevič Šternberg (1862–1927), hielten die Schamanen zumindest für „nervenkranke Subjekte", eigentlich aber für „echte" Psychopathen, mal für Hysteriker, mal für Epileptiker, mal für Schizophrene. „Um Schamane zu werden", meinte Šternberg zum Beispiel, „muß [!] man in einem gewissen Grad an Hysterie leiden". Bogoraz traute den Hysterikern immerhin ein hohes kreatives Potential zu: „Der Schamanismus ist eine Religionsform [*sic*!], die durch eine Auslese nervlich höchst instabiler Menschen geschaffen wurde." Ärzte sekundierten den Ethnologen. Der bekannte Neurologe Pavel Evgenievič Snessarev

(1876–1954) befand: „In der Regel sind Menschen, die in diesem oder jenem Grad mit der schamanistischen Praxis zu tun haben, nicht vollwertig oder direkt geisteskrank." Psychologen gingen auf jeden Fall von irgendeiner Art von „psychischer Dissoziation", also Formen gespaltener Persönlichkeit, aus – auch später noch amerikanische, die sich mit Eskimo-Schamanen befaßten.

Lange Zeit wurde der Schamanismus vor allem auf die sogenannte *arktische Hysterie* zurückgeführt. Darunter verstand man eine besondere, indigene psychopathologische Prädisposition der Menschen im Hohen Norden, die ihre Ursache in den extremen klimatischen Bedingungen, speziell den langen Polarnächten, der anhaltenden strengen Kälte, der Eintönigkeit des Daseins und dem Nahrungs-, mehr noch dem Vitaminmangel habe. Eine Bestätigung dafür sah man in der – namentlich im Nordosten Sibiriens häufiger auftretenden – „*Menerik*-Krankheit", einem psychischen Leiden, von dem dort generell *alle* Menschen befallen werden können. Es äußert sich unterschiedlich in Angstzuständen, Weinkrämpfen, periodischen, quasi-epileptischen Anfällen, Imitationszwang, also etwa Echophrasie (Nachsprechen gehörter Wörter und Sätze) und Echopraxie (zwanghaftes Nachahmen vorgezeigter Bewegungen und Stellungen), in Singen und Tanzen und abschließend einem Kollaps, bei dem die Betroffenen in einen Dämmerzustand apathischer Melancholie versinken. Während des Anfalls hören sie Stimmen und Gesang und werden meist auch von angsterregenden Visionen heimgesucht, beispielsweise erscheint ihnen „der Teufel" mit einem Gefolge bizarrer Schreckensgestalten, die um sie herumtanzen und sie fortzuschleppen versuchen. Unmittelbar auslösend wirken immer exogene Faktoren, vor allem Schockerlebnisse. In der Hauptsache werden nur *Frauen* befallen; bei manchen wiederholen sich die Anfälle allwöchentlich, bei anderen mehrere Male im Jahr. Die Einheimischen selbst führen sie auf *Besessenheitsanschläge* zurück.

Die These wurde besonders populär durch das Buch „Studien zum Problem des Schamanismus" (Lund & Kopenhagen 1939) des schwedischen Skandinavisten, Romanciers und (mehrfach ausgezeichneten) Übersetzers ṭke Joel Ohlmarks (geb. 1911), der darin zu zeigen versuchte, daß der Schamanismus eben lediglich als spezielle Ausdrucksform der „arktischen Hysterie" zu begreifen sei. Insofern besitze er auch im Polarkreis sein Ursprungsgebiet; denn „nirgends sonst in der Welt wucherten Fälle abnormer psychischer Reaktion" – bedingt durch die extremen Umweltbedingungen – „in auch nur annähernd gleicher Dichte und Intensität wie im Arktikum empor". Siedelten sich Europäer im Hohen Norden an, fielen sie der „arktischen Hysterie" ebenso häufig wie die Einheimischen zum Opfer (S. 14 f.). Und Analoges hatte sich schon vorzeiten vollzogen, als südlicher beheimatete Gruppen nach Norden abgedrängt wurden und sich dort den besonderen psychischen Härtebedingungen der Arktis mehr und mehr ausgesetzt sahen. Als Reaktion darauf entstand der Schamanismus: „Sie wären zugrunde gegangen, hätten sie nicht zu der hysteroiden Reaktion ihre Zuflucht genommen; sie war eine Art von *ultimum refugium*, das über die unerträglichen Verhältnisse hinweghalf ... In dieser Neuschöpfung, dem Schamanismus, konnte sich die hysteroide, nervöse Labilität und Sensibilität natürlich entfalten ... erhielten die angsterfüllten Stammesgenossen in Zeiten von Not und Unglück oder bei schweren Krankheitsfällen Trost und Gewißheit baldiger Besserung" (S. 36 ff.). Allerdings handelte es sich doch nicht um eine völlige Neuschöpfung. Ohlmarks konnte nicht umhin, der Tatsache Rechnung zu tragen, daß die „*Menerik*-Krankheit" von den Einheimischen selbst auf Besessenheit zurückgeführt wurde und ihre meisten Opfer Frauen waren. So erweiterte er seine These dahin, daß es sich ursprünglich um einen *Besessenheitsschamanismus* gehandelt habe, der schon in der südlichen Altheimat entstanden und eine Schöpfung der *Frauen* gewesen sei, die damals zudem noch die dominierende Position in Familie und Gesellschaft innehatten – womit er also (noch 1939!) auf das alte evolutionistische Postulat von der Matriarchats- oder Mutterrechtsphase als Vorform des Patriarchats zurückgriff, ja eigentlich zurückgreifen *mußte*, da er bei der Auffassung blieb, im Schamanismus den Ausdruck einer – zudem noch krankhaften – „primitiven" Weltanschauung zu sehen. Sache der Männer wurde er erst, als entwickeltere Gesellschaftsformen entstanden und man im Hohen Norden lebte, das heißt sich Aufgaben stellten und Belastungen hinzukamen, denen die Frauen nicht mehr gewachsen waren. Alsbald zu voller Blüte entfaltet, wirkte er dann wieder auf die südlicheren Völker *zurück*, verlor dabei aber wesentliche Elemente wie die Ekstasetechnik und Jenseitsreise, weshalb man hier zum Ausgleich zu künstlichen Stimulanzien, ja bewußter Simulation griff.

Es handelt sich also um den Versuch, die verschiedenen, scheinbar – jedenfalls von der gewählten Ausgangsposition aus – unvereinbaren Elemente des Schamanismus auf recht gewaltsame Weise über einen gemeinsamen Leisten zu schlagen. Aber abgesehen von den inneren Unstimmigkeiten, wie der gewissen Unausgewogenheit zwischen dem evolutionistischen und dem diffusionistischen Begründungskriterium (*Migration* bzw. *Verbreitungsprozeß* als „Erklärung") und dem Umstand, daß man von den kulturhistorischen Gegebenheiten her entwickeltere Formen der Sozialorganisation eigentlich eher im Süden hätte voraussetzen müssen, erheben sich gegen die These doch auch gewichtige generelle Bedenken. Zum einen handelt es sich bei der „arktischen Hysterie" um einen mehr als unscharfen Sammelbegriff, unter den offensichtlich verschiedene psychische Leiden (u. a. Epilepsie, Schizophrenie, Schwachsinn, Neurosen) gleichsam überschlägig subsumiert wurden, nicht aber ein homogenes, spezifisches Krankheitsbild. Zum andern sind auch die vermeintlichen Übereinstimmungen mit dem Schamanismus ehestens rein äußerlich-symptomatischer Art: Die „*Menerik*-Krankheit" tritt *de facto* nur selten, zudem überwiegend bei Frauen auf und wird auf Besessenheit zurückgeführt, das heißt die Betroffenen sind ihr hilflos ausgeliefert, fallen ihr *unwillentlich* zum Opfer. Analoge Erscheinungen kommen überdies auch in anderen Breiten vor – erinnert sei beispielsweise nur an die *Chorea* (den „Veitstanz") im europäischen Mittelalter oder die Geißler-

Bewegung in den Pestjahren von 1348 und 1349. Und schließlich wurde vollends ignoriert, daß Ekstase und Jenseitsreise zum *generellen* Grundbestand zumindest des Elementarschamanismus zählen und insofern typisch auch etwa für den Schamanismus Nord-, Mittel- und Südamerikas, der Batek auf der Halbinsel Malakka (Malaysia) oder Australiens sind.

Teils aufgrund dieser Einwände präzisierten andere Autoren, die von den primär psychogenen Ursachen des Schamanismus weiterhin überzeugt waren, die These dahingehend, daß sie ihn speziell mit der *Epilepsie* in Beziehung setzten.

Neueren Erkenntnissen nach darf man indes auch diese Annahme für hinfällig halten. Abgesehen von einigen *wenigen* Übereinstimmungen im Erscheinungsbild des zudem überwiegend sehr kurzfristigen Anfallsverlaufs – Zuckungen („Kloni"), unkoordinierte Bewegungen, Räuspern, Schmatzen, starkes Ein- und Ausatmen, wirres Reden oder kaum verständliche Wort- und Satzbildungen, Halluzinationen und traumartige Zustände („dreamy state") – handelt es sich auch bei der Epilepsie um eine *Krankheit*: Die Anfälle treten spontan auf, können also nicht nach Belieben induziert und kontrolliert werden und führen überdies bei knapp 50 % der Patienten, die unter einem länger anhaltenden, sogenannten „Grand mal-Geschehen" leiden, zu cerebralen Schädigungen, die etwa Lähmungserscheinungen, eine Minderung des kognitiven Leistungsvermögens und Veränderungen im Charakterbild nach sich ziehen. Von alledem traf auf Schamanen so gut wie nichts zu. Anders hätten sie weder ihr Amt verantwortungsbewußt ausüben noch vor den Ihren bestehen können.

Eigentlich noch auffallender aber erscheinen Übereinstimmungen mit dem Krankheitsbild *Schizophrener*; teils reichen sie weiter, teils entsprechen sie unmittelbar den Initiationserfahrungen werdender Schamanen, so daß nahelag, auch hier, wie u. a. von der amerikanischen Ethnologin Margaret Lantis vorgeschlagen, einen Zusammenhang zu sehen.

Schizophrene erfahren zum Beispiel *Umwandlungen* ihrer Persönlichkeit, die mit einer Rückbildung in den Kindheitszustand („infantile Regression") beginnen und zudem als *Wie-*

*dergeburtsprozeß* erlebt werden können: sie fühlen sich absterben und anschließend, durch eine erneute Geburt, ins Leben zurückkehren. Manche träumen dabei oder „sehen", wie ihr Kopf durch einen Messerschnitt vom Rumpf getrennt und ihr Körper *bis auf die Knochen* in Stücke zerlegt, beispielsweise „zersägt" wird. Hinzu kommen – teils mehrfache – Metamorphosen in *tierliche* Existenzen. Patienten berichten etwa: „Ich fühlte mich als Tier, als Pferd, als Huhn, als Hecht und dergleichen. Ich empfand dabei ganz wie die betreffenden Tiere und hatte dabei kein Bewußtsein von meinem wirklichen Sein ... Als Pferd war es mir, als würde ich durch die Straßen geschleppt. Ich hatte nur ein Gefühl des Vegetierens dabei und hatte keinen anderen Begriff als Gehorsam." Es herrscht das Empfinden, als gebe „es weder für Menschen noch für Tiere noch für Pflanzen einen Tod"; alles sei „nur Metamorphose". Typisch sind ferner auch *Flugerlebnisse.* Schizophrene glauben, sich ohne weiteres, indem sie lediglich – und dem Augenschein anderer nach – den Blick und die Arme nach oben erheben, vom Boden lösen und zum Himmel auffliegen zu können, widerstandslos auch durch die Wände des Krankenzimmers hindurch, und daß sie dabei imstande seien, die wunderbarsten Dinge, bis weit in den Kosmos hinein, zu bewirken. Und nicht zuletzt schließlich zählt auch der *Geisterglaube* zu den charakteristischen „Symptomen" der Schizophrenie. Die Kranken sehen ihre Umwelt vor allem von Unheilsgeistern erfüllt, lauernd allezeit auf dem Sprung, die Menschen zu quälen, sie *krankzumachen* und Besitz von ihrer Seele zu ergreifen. Ist letzteres der Fall, kann der Arzt beispielsweise gebeten werden, den Quälgeist durch Anbrüllen oder Schreien zu vertreiben. Gute Geister dagegen sind den Kranken *behilflich,* schützen und stärken sie, stehen ihnen in Notsituationen bei.

Doch so bestechend die Übereinstimmungen, und zwar nicht nur in formaler, sondern auch inhaltlicher Art sind: auch hier steht dem Eindruck eines *unmittelbaren* Zusammenhangs entgegen, daß die Schamanen durchaus lebenstüchtige und gesunde, ja den Ihren an physischer Widerstandskraft und Selbstkontrolle gewöhnlich überlegene Menschen waren. Sie fielen der „Krankheit" lediglich einmal, zur Zeit der Berufung und Initiation, zum Opfer. Danach, während aller späteren Séancen, *beherrschten* sie die „Symptome", bedienten sich ihrer, wenn ihr Amt das gebot, um sie anschließend gleichsam wieder „abzuschütteln". Die Geister, die sie riefen, vermochten sie jederzeit wieder loszuwerden.

Dieser weltweit übereinstimmende und durch gründliche Forschung verläßlich gesicherte Tatbestand macht eine Erklärung eher schwerer als leichter. Hinzu kommt, daß die Einheimischen selbst die Schamanen niemals für Geisteskranke hielten. Sie schieden im Gegenteil, auch terminologisch, sehr genau zwischen beiden und sahen in den Schamanen ja gerade auch die eigentlichen Spezialisten zur *Heilung* psychischer Leiden (etwa auch der „*Menerik*-Krankheit"). Ferner darf zum Verständnis des Ganzen nicht unberücksichtigt bleiben, daß der Schamane keine isolierte Größe darstellte, sondern einen ebenso zentralen wie integralen, tragenden Bestandteil eines in sich stimmigen, wohlausgewogenen, teils hochkomplexen Systems von Vorstellungen und Praktiken bildete, das seinerseits fest im Boden der gesamten Lebens- und Weltanschauung der Bevölkerungen verankert war. Heute herrscht daher, auch bei russischen Autoren, die Auffassung vor, daß psychopathogene Faktoren zur Erklärung des Schamanismus zumindest nicht ausreichen, ja eher nur eine beigeordnete Rolle spielen. Tests, die amerikanische Forscher bei nordamerikanischen Indianern und Eskimo durchführten, erbrachten denn auch äußerst widersprüchliche Ergebnisse. Zuletzt hielt unter den prominenteren Fachvertretern eigentlich nur mehr der Ethnopsychologe George Devereux (1908–1985) an der Ansicht fest, daß „es weder einen Grund noch eine Entschuldigung dafür gebe, Schamanen nicht als echte Neurotiker, ja als Psychotiker zu betrachten."

## 2. Ethnologische Thesen

Lieferten die medizinisch-psychologischen Betrachtungsansätze immerhin noch wichtige Anhaltspunkte zumindest zu einem partiellen Verständnis des Schamanismus, trugen die Ethnologen selbst zu seiner Erklärung eher noch weniger bei.

Für die – der marxistischen Geschichtsauffassung und damit dem klassischen Evolutionismus verpflichteten – *Sowjetethnologen* konnte es sich nur um ein Sonderphänomen der Vorklassengesellschaft, also der „Gentilverfassung" handeln, deren „Ideologie" zur Hauptsache vom „Animismus", das heißt dem Geisterglauben beherrscht war, in dem seinerseits sich die Furcht der frühen Menschen vor den ihnen noch unerklärlichen und angsteinflößenden Vorgängen in der Natur (Erdbeben, Überschwemmungen, Gewitter, Sonnenfinsternis, Epidemien usw.) „widerspiegelte". Die Mehrheit der Autoren, unter ihnen als der prominenteste Vertreter der sowjetischen Religionsethnologie auch Sergej Aleksandrovič Tokarev (1899–1985), setzte die Entstehung des Schamanismus in der Frühphase der „patriarchalen" Gentil- oder Sippenordnung (die der „matriarchalen" folgte) an – da es Männer waren, die ihn dominierten. Übereinstimmend wurde angenommen, daß es sich immer schon um psychisch besonders labile Naturen gehandelt haben müsse, denen es aber dennoch gelang, die für die Produktivität, den Fortbestand der Gesellschaft wichtigsten Rituale zu „monopolisieren", so auch politisch Einfluß zu gewinnen und daraus Vorteile für sich zu ziehen. Wie in der patriarchalen Gentilphase überhaupt, zeigten sich hier also bereits die ersten ausgeprägteren Ansätze zur Ausbeutung des Menschen durch den Menschen.

Doch gerade die sibirischen Schamanen standen dem politischen Leben ihrer Gesellschaften fern und besaßen insofern auch nur wenig Einfluß auf die säkularen Entscheidungen. Die waren immer Sache der Ältesten und Oberhäupter, die nicht selten ja auch das letzte Wort bei der Weihe eines Kandidaten zum Schamanen, seiner „Approbation", hatten. Und überdies verpflichtete das Ethos ihrer Profession die Schamanen dazu, ihr Amt gerade nicht um materieller Vorteile willen auszuüben, so daß sie oft eher bescheidener als andere lebten. Die evolutionistische Stufenlehre der *kulturgeschichtlichen* Entwicklung schließlich darf heute als obsolet betrachtet werden: Fraglos verlief der Prozeß in *bestimmten* Bereichen von einfacheren zu differenzierteren, komplexer strukturierten Formen hin; doch die These, daß dies immer, aufgrund eherner Gesetzmäßigkeiten, in denselben Stufenabfolgen geschah, bzw. geschehen *mußte*, ist vom Gesamtbefund her eher extrem unwahrscheinlich, geschweige denn auch nur annähernd erwiesen. Kulturelle Ausdrucksbereiche wie die religiöse Vorstellungswelt, die Moral oder das ästhetische Empfinden, die wesentlich mit dem Schamanismus zu tun haben, entziehen sich vollends evolutionistischen Zuordnungskriterien, ja sie liefern sogar mit die plausibelsten Argumente *gegen* den Evolutionismus.

Diesen löste zu Beginn des 20. Jahrhunderts in der deutschsprachigen Ethnologie der *Diffusionismus*, speziell die „Kulturkreislehre" ab. Einer ihrer Hauptvertreter war Wilhelm Schmidt (1868–1954), der sich in seinem zwölfbändigen Monumentalwerk „Der Ursprung der Gottesidee" (Münster 1912–1955), wenngleich mehr beiläufig, auch mit dem Schamanismus befaßte. Seiner Auffassung nach – die dann von seinem Schüler Alexander Gahs weiter ausgeführt und präzisiert wurde – wurzelte er originär in den frühagrarischen Mutterrechtskulturen, bzw. im „exogam-mutterrechtlichen Kulturkreis" der „niederen Pflanzer", und gelangte erst später, also wieder vom Süden her, nach Sibirien und dort in den „vaterrechtlich-großfamilialen Kulturkreis" der Hirtennomaden. Konkrete Hinweise darauf wurden in der Verwendung der Trommel, dem Maskenwesen und dem Geisterglauben gesehen.

Abgesehen indes von den evolutionistischen Reminiszenzen in der unterstellten Stufenabfolge (gipfelnd zuletzt im „frei-vaterrechtlichen Kulturkreis") und etlichen mehr als fragwürdigen Vorannahmen (Gahs: „nur mutterrechtliche Kulturen sind rein animistisch"), stellten auch die Kulturkreise selbst, und namentlich die als „mutterrechtlich" apostrophierten (man ging von insgesamt drei aus), bloße Konstrukte dar, die sachlich wie theoretisch so schwach begründet waren, daß sie alsbald wieder aufgegeben werden mußten. Schwerer jedoch wiegen die speziellen Bedenken: Der Schamanismus war gerade in seiner elementaren Form typisch für wild- und feldbeuterische Kulturen, und das vermutlich bereits seit dem Jungpaläolithikum; Trommeln finden, insgesamt gesehen, im Schamanismus lediglich in bestimmten Bereichen (Asiens vor allem) – und nur kaum in den südlichen, also subtropischen und tropischen Pflanzerkulturen – Verwendung; Masken spielten im Schamanismus eher eine Ausnahmerolle, und erst recht der Geisterglaube stellt eine *universale* Erscheinung dar, deren Ursprung sich weder an bestimmte Regionen noch Kulturen oder „Kulturkreise" binden läßt; belegbar jedenfalls wäre das mit ethnologischen, geschweige denn archäologischen Mitteln nicht. Vor allem aber blieb bei der These (sofern sie diese Bezeichnung überhaupt verdient) die eigentliche, ideelle wie praktische *Kernproblematik* des Schamanismus ganz außer Betracht.

Die wohl populärste, inhaltlich aber sehr spekulative, ja eine fast literarisch-visionäre Ursprungsthese legte, teils in (auch selbstbekannter) Anlehnung an die „Urmonotheismustheorie" Wilhelm Schmidts, teils mit Bezug auf die Archetypenlehre Carl Gustav Jungs (1875–1961), der bekannte Religionswissenschaftler (und Romancier) Mircea Eliade (1907–1986) in seinem Buch „Schamanismus und archaische Ekstasetechnik" (Zürich & Stuttgart 1957; Original: *Le chamanisme et les techniques archaïques de l'extase.* Paris 1951) vor. Sie stützt sich auf den verbreiteten Glauben, daß die Menschen der Frühzeit ein sündeloses, „paradiesisches" Dasein führten und in unmittelbarem Kontakt zum Schöpfergott standen. Die Erinnerung daran lebte später in den Vorstellungsbildern vom Weltbaum, dem Himmelsseil (einer Liane etwa) und der kosmischen Brücke fort, mythischen Chiffren gleichsam für die einstmals mögliche und real erfahrene Verbindung zwischen der irdischen und der himmlischen Welt. Infolge eines – versehentlichen – Vergehens, von dem überall auf der Erde noch heute die „Sündenfallmythen" berichten, brach der Kontakt dann ab; die Gottheit zog sich auf immer in den höchstgelegenen Himmelsbereich zurück, wurde zum fernhin entrückten *Deus otiosus*. Nur einige wenige Menschen, die Schamanen eben, behielten und tradierten die Fähigkeit, nunmehr freilich allein noch mittels der „Ekstasetechnik", in den Himmel aufzufahren und unmittelbar mit dem Hochgott in Verbindung zu treten – die Unterweltsreise, die nicht so recht ins Konzept paßte, wurde von Eliade als sekundäre Erscheinung abgetan. „Was heutzutage die Schamanen *in Ekstase* vollbringen, das war einst, am Morgen der Zeiten, allen Menschen *in concreto* möglich; sie stiegen zum Himmel auf und wieder herab, ohne dazu der Trance zu bedürfen. Die Ekstase bringt vorübergehend und für eine beschränkte Zahl von Menschen, die Schamanen, den uranfänglichen Zustand der ganzen Menschheit zurück. In dieser Hinsicht ist das mystische Erlebnis der ‚Primitiven' eine Rückkehr zu den Ursprüngen, in die mystische Zeit des verlorenen Paradieses" (S. 449, Hervorhebungen im Original; vgl. S. 464f.). In Sibirien wurde der Schamanismus später formal von Einflüssen aus den Archaischen Hochkulturen Altvorderasiens, dann noch einmal speziell vom Lamaismus modifiziert und umgeprägt, was ihm die besondere Komplexität vor allem in den südöstlichen Bereichen verlieh. In den dreißiger Jahren hatte übrigens auch der russische Ethnologe Sergej Michailovič Širokogorov (1887–1939) schon gerade auf den letzteren Gesichtspunkt großes Gewicht gelegt, ja im Lamaismus die eigentliche Quelle des Schamanismus gesehen.

Die Kernthese Eliades entzieht sich wissenschaftlicher Überprüfbarkeit, da sie sich mit dem Mythos selbst identifiziert. Insofern trägt sie auch nichts zur Erklärung, weder des Ursprungs noch der lebendigen Bedeutung, der gesellschaftlichen *Funktionen* des Schamanismus bei. Wiederum vermißt man vor allem den Bezug zu den *konkreten Existenzproblemen* der Menschen, auf die der Schamanismus reagiert und für die er Lösungen bereitstellt. Anders hätte er kaum seine Geltung zu behaupten vermocht.

Auf diesen Gesichtspunkt kam es dem deutschen Ethnologen Adolf Ellegard Jensen (1899–1965) an, der an sich Eliade und seinem Denken nahestand, mehr aber noch von der *Existenzphilosophie* seiner Zeit, speziell der „Existentialphilosophie" Otto Friedrich Bollnows (1903–1991), geprägt war. Jensens Interesse galt vor allem dem Lebens- und Weltverständnis der frühen Pflanzerkulturen. Insofern konnte ihm nicht entgehen, daß der Schamanismus, anders als Wilhelm Schmidt das behauptet hatte, dort gerade, wenn überhaupt, lediglich eine marginale Rolle spielte (bei den Indianern des tropischen Südamerika nahm man eine stark „jägerische" Komponente im kulturellen Traditionsgut an). Er wies ihn daher einer älteren, notwendig also wild- und feldbeuterischen „Kulturschicht" zu und suchte ihn als Ausdruck ihrer spezifischen *Seinsproblematik*, im Sinne einer Art *Heilsmagie*, zu begreifen. Zwei Funktionen maß er dabei eine elementare, tragende Bedeutung zu: Einerseits sollte der Schamanismus die Menschen von ihren immer wiederkehrenden existentiellen Bedrohungen befreien, was durch den steten Kampf der Schamanen wider die übelwollenden Geistmächte geschah; denn „die eigentliche Grundlage der schamanistischen Tätigkeit liegt in der Erkenntnis, daß die Welt dem Menschen mit zwei Aspekten entgegentritt, einem freundlichen und einem feindlichen. Es ist die Erkenntnis von dem ‚Kampf‘ in der Welt, von dem Freund-Feind-Verhältnis, das alle Dinge dieser Welt zueinander zu haben scheinen, wenn man nur einmal beginnt, sie aus dieser Perspektive zu betrachten." Entsprechend stand der „negativen" zum zweiten die „positive" Aufgabe des Schamanen gegenüber, Kontakt auch zu den guten Jenseitsmächten aufzunehmen, um von ihnen Heilmittel für bestimmte konkrete Bedrängnisse, wie etwa Unfruchtbarkeit oder Krankheiten, zu erbitten, ja gegebenenfalls auch zu erzwingen (der „magische" Aspekt). Die Hauptursachen, die zur Entstehung des Schamanismus führten, sah Jensen also in der Unsicherheit und Angst der Menschen früher Kulturen vor den akuten Bedrohungen ihres Daseins, das heißt allgemeiner: einem „herabgestimmten oder bedrängten oder in anderer Weise nicht ausbalancierten Lebensgefühl, von dem ein Volk – etwa durch eine ausweglose historische Situation oder auch durch eine das Gemüt belastende Umwelt, beispielsweise die Wüste oder die Arktis – erfaßt werden kann" (Ad. E. Jensen: Mythos und Kult bei Naturvölkern. Wiesbaden 1960, S. 254 ff.).

Damit war sicherlich der existentielle Aspekt des Schamanismus genauer getroffen, doch bleiben die Ausführungen dazu allzu unbestimmt. Das Gesagte könnte ganz ebenso für *alle* traditionellen Gesellschaften, auch solche der „altpflanzerischen Kulturschicht" Jensens, geltend gemacht werden, trägt also bestenfalls nur ganz allgemein und in sehr vagen Umrissen zur Erklärung des Schamanismus bei.

Und doch ließe sich durchaus Präziseres sagen. Wo immer er auftritt, wird der Schamanismus von einem übereinstimmenden „harten Kern" einiger weniger sinnvoll aufeinander bezogener Basisvorstellungen bestimmt, deren *pattern* oder strukturierende Gestaltkraft auch Fremdelemente bruchlos zu integrieren vermochte, so daß in Kontakt- und Akkulturationsbereichen ein zwar komplexeres, aber dennoch gleichbleibend homogenes Ganzes entstand, das den Kerngehalt selbst unberührt ließ. Ihm mußte daher immer zugleich auch ein *vitales Interesse* der Menschen entsprechen; denn anders hätte sich der Schamanismus schwerlich über die Jahrhunderte, ja vielleicht Jahrtausende hin erhalten können. Und dem liegt sichtlich die *elementare* Überzeugung zugrunde, daß zumindest alles bedeutsamere Geschehen auf Erden von transzendenten Geistmächten verursacht wird, denen hienieden als korrespondierende Partnerinstanzen die *Seelen*, speziell die – rein spirituellen – Freiseelen in Tier und Mensch entsprechen. Daraus folgten die Hauptfunktionen des Schamanen: in kritischen Fällen besonders acht auf die Seelen der betroffenen Menschen bzw. Tiere (Wildtiere) zu haben und zur Lösung der Probleme in Kontakt mit den Jenseitsmächten zu treten.

Um die Voraussetzungen dafür zu besitzen, konnte der Schamane kein Mensch wie andere sein: Die Geister mußten ihn als Vermittler akzeptieren, was sie durch seine Wahl, unter

Umständen die pränatale „Vorgeburt" und die „Berufung" zum Ausdruck brachten, und er hatte während der „Initiation" eine grundlegende Verwandlung durchzumachen, die ihm eine „Doppelnatur", halb Geistwesen, halb Mensch, verlieh und ihn erst vollends instand setzte, sich gleichermaßen im Diesseits wie im Jenseits sicher bewegen zu können. Die Bewährungsprobe stellte, immer wieder aufs neue, jede Séance dar, wenn der Schamane sich in Trance und Ekstase versetzte, das heißt sich seiner leiblichen Hülle entäußerte und in seiner rein spirituellen Personalität die jenseitigen Welten durchreiste.

Und immer wieder spielten *Tierbezüge* dabei eine auffallende Rolle: Die „Vorgeburt" erfolgt durch die „Tiermutter", den späteren Hauptschutzgeist des Schamanen; die Hilfsgeister treten – weltweit – überwiegend in Tiergestalt auf; der Schamane selbst verwandelt sich während der Séance in Land- und Wassertiere oder Vögel, je nachdem, wohin seine Reise führt; sein Kostüm trägt, die Metamorphose durch die äußere, adäquate Umkleidung, das „Fell" oder „Federkleid", magisch verstärkend, theriomorphe Züge; Trommel und Schlegel können ihm als „Reittiere" dienen, und überhaupt spielt sich alles gleichsam im „Tiermilieu" ab.

Das liefert deutliche Hinweise darauf, daß der Schamanismus nur in wild- und feldbeuterischen Kulturen mit ausgeprägt *jägerischer* Komponente verankert sein kann – die Tierbezüge stehen zu sehr im Zentrum des Vorstellungsganzen. Hinzu kommt, durchaus auch außerhalb Sibiriens, die Bedeutung der „Herren" bzw. „Herrinnen der Tiere", die teils ja auch mit der „Tiermutter" des Schamanen identisch sind. Und noch ein Weiteres spielt in dem Zusammenhang eine Rolle. Annähernd universal läßt sich, wie schon zu Beginn kurz angesprochen, in vor- wie frühagrarischen, also Pflanzerkulturen, in denen der Jagd eine größere ökonomische Bedeutung zukommt, der Glaube belegen, daß Tiere vom Herrengeist ihrer Gattung zu neuem Leben erweckt werden können, wenn ihr *Skelett unversehrt erhalten blieb*: Die Geistmacht umkleidet es dann wieder mit Fleisch (bzw. stattet es mit den erforderlichen Organen und Lebenskraft, der Vital-seele, aus) und verleiht ihm erneut eine Freiseele. Die Jäger achteten daher, wo der Glaube jedenfalls noch lebendig war, immer sorgsam darauf, daß die Knochen beim Zerlegen des Wildes (im Fall von Fischen die Gräten) möglichst unverletzt blieben: Man löste die Einzelteile an den Gelenken voneinan-der und vermied, Messer oder andere scharfkantige bzw. spit-ze Geräte dabei zu verwenden. Nach der Mahlzeit wurden die Knochen (Gräten) dann sorgfältig zusammengelesen und ent-weder in einem Beutel – meist aus dem Fell des betreffenden Tieres – an einen Baum im Wald gehängt oder in der korrek-ten Anordnung in der Wildnis (Gräten in Flüssen, Seen oder dem Meer) ausgelegt, oft auch regelrecht bestattet. Letzteres ist in Sibirien auch archäologisch, allerdings erst für die frühe Eisenzeit (1. Jh. n. Chr.), nachgewiesen. Dem entspräche also exakt die Tötung, Skelettierung und Wiederbelebung des Schamanen-Novizen während der Initiation!

Offensichtlich handelt es sich um einen Kerngedanken jä-gerischer Geistigkeit. Damit die Menschen leben können, müssen sie Tiere töten und verzehren, gleichzeitig aber auch dafür Sorge tragen, daß sich ihr Bestand nicht verringert. Das geschah zum einen durch Schonung der trächtigen Muttertiere und Jungen, um die Fortpflanzung sicherzustellen, zum an-dern aber eben auch durch Erhalt des Skeletts der *getöteten* Tiere, um so den „Herrengeistmächten" Gelegenheit zu ge-ben, sie zu neuem Leben auferstehen zu lassen. Beide, Men-schen und Tiere, standen so in einem engen Wechselverhält-nis, das störungsfrei zu erhalten vor allem für die Menschen existenzunabdinglich war. Man suchte es daher auf verschie-denerlei Weise zu festigen – durch Einimpfen von getrockne-ten und pulverisierten Bestandteilen des Fleischs der Haupt-jagdtiergattungen während der „Jägerweihe", den Genuß von Tierblut oder speziellen, aus verschiedenen Ingredienzen tier-lich-organischer Herkunft gemischten „Medizinen" zu be-stimmten zeremoniellen Anlässen und andere – „totemisti-sche" – Binderituale, womit man insgesamt mit den Tieren eine *sympathetische*, „quasi-blutsverwandtschaftliche" Beziehung einging, die als solche, der üblichen traditionellen Einstellung nach, beide Seiten zur *Reziprozität* verpflichtete.

Gleichwohl konnte es zu Verstimmungen kommen, wenn ein Jäger eine Vorschrift mißachtete, er oder seine Frau ein wichtiges Tabu brachen. Damit die Störung, die dadurch im Verhältnis zwischen Menschen und Tieren entstanden war, nicht zur Existenzbedrohung wurde, brauchte man einen Vermittler, einen Spezialisten vor allem für den Umgang mit den spirituellen Mächten, die das Leben der Tiere und die Natur kontrollierten. Und als Voraussetzung für dessen Eignung sah man konsequenterweise an, daß sich in seinem Fall die Herstellung der Beziehung auf Initiative der „Gegenseite" vollzog: Der Schamane wurde, aufgrund des *Inversionsverhältnisses*, das gängiger Anschauung nach zwischen Diesseits und Jenseits bestand, seinerseits zum *„Wild der Geister"*, die ihn töteten, verzehrten und anschließend mit Hilfe seines unversehrten Skeletts aufs neue belebten. Dadurch entstand auch zwischen ihnen „Quasi-Verwandtschaft", die beide sowohl zu Hilfeleistung und Schutz verpflichtete als auch instand setzte, wechselseitig Einfluß aufeinander zu nehmen.

Das alles macht also die Annahme doch mehr als wahrscheinlich, daß der Schamanismus *in seiner elementaren Gestalt* ein hohes Alter besitzt, also durchaus bereits bis in die – ausgeprägt jägerischen! – Kulturen des Jungpaläolithikums zurückreichen könnte, das zudem in Nordasien erst gegen 4000 v. Chr. ausklang. Entsprechende Traditionen sollten sich hier wie auch bei den Eskimo Nordamerikas, zumal lange Zeit im Hohen Norden und der Arktis noch annähernd analoge Voraussetzungen herrschten (polare und subpolare Lebensbedingungen, überwiegend Jagd auf Großwild bzw. Seesäuger), am ehesten einigermaßen unverfälscht erhalten haben. Insofern käme dem sibirischen Schamanismus die herausragende Bedeutung, die man ihm allgemein zuerkennt, durchaus legitimerweise zu.

Das schloß natürlich nicht aus, daß es im Laufe der Zeit auch in Sibirien zu Differenzierungsprozessen kam und sich lokale Sonderformen herausbildeten. Der Schamanismus Nordasiens stellt keineswegs eine geschlossene Einheit dar. Deutlich eigene, spezifische Züge weisen zum Beispiel der nordostasiatische (Paläoasiaten), der zentralsibirische (Evenken bzw. Tungusen), der mandschurische (Amur-Tungusen) und der altaische (Altai-Türken, Chakassen) Schamanismus auf. Diffuser wird das Bild vor allem im Süden, wo die sibirische Taiga auf breiter Front an den jahrtausendelang bewegtesten Geschichtsraum der Erde grenzt und entsprechend der Elementar- in die verschiedenen Formen des Komplexschamanismus übergeht. Derartigen südlich-sekundären, das heißt insbesondere agrarisch-althochkulturlichen Einflüssen rechnet man beispielsweise den Ahnenglauben und das Opferwesen bei südlichen und südöstlichen Tungusen-Gruppen, die Verwendung der Trommel, in Sibirien erstmals während der Bronzezeit (ab Mitte des 2. Jahrtausends v. Chr.) im Gebiet um den Baikal-See nachgewiesen, die Bedeutung des Eisens in Tracht (Anhänger, Geweih- und Skelettattrappen) und gelegentlich auch Vorstellungswelt (Umschmieden als Verwandlungsprozeß während der Initiation), den Drogengenuß und die teilweise hochdifferenzierte Kosmologie zu. Später kamen buddhistisch-lamaistische (im Altai, bei Burjaten und Mongolen), islamische (in Zentralasien) und christlich-orthodoxe (in Sibirien) Einflußnahmen hinzu, die mehr allerdings nur den schamanistischen Formalismus betrafen, wohingegen das alte nestorianische Christentum Innerasiens keinerlei erkennbare Spuren in Glaubenswelt und Kult der einheimischen Bevölkerungen hinterließ. Wo sich der Schamanismus auch nach der Sowjetisierung noch zu behaupten vermochte, ging er Verbindungen vor allem mit der modernen Medizin ein oder griff Vorstellungen aus der „Ufologie" auf. Schamanen der Nanaj und Ultscha behaupteten nun etwa, ihre Jenseitsreisen mit fliegenden Untertassen zu unternehmen und ihre Patienten nicht mehr von Geistern, sondern Schmutz und infizierenden Mikroben zu befreien.

So bildete sich im Schamanismus immer auch die lokale Kulturgeschichte ab. Bei den marginalen Wild- und Feldbeutervölkern teils bis vor kurzem noch im Elementarbestand erhalten, nahm er in den Pflanzerkulturen manistische Züge auf und erhielt zusätzliche Funktionen in der agrarischen Ritual- und Kultpraxis, erfuhr in Hochasien eine mannigfaltige Überformung durch die wechselnden Einflußschübe aus den archaischen und mittelalterlichen Hochkulturen im Süden, die sich auch deutlich noch in der gemischten Begrifflichkeit widerspiegeln, um schließlich in den Hochkulturen Südostasiens mit Besessenheitskulten zu verschmelzen.

Von allen sekundären Zusätzen abgesehen, stellt der Schamanismus somit im Kern eine sichtlich sehr alte und optimal an die Daseinsbedingungen wild- und feldbeuterischer Kulturen angepaßte, das heißt scheinbar „bewährte" und insofern auch über lange Zeiten hin stabile, in sich ebenso schlüssige wie kohärente, gleichsam „vereinheitlichte" *Seins- und Naturtheorie* dar.

Es bleibt die nicht von der Hand zu weisende Übereinstimmung der Kernelemente Verwandlung (während der Initiation), Ekstatik und Geisterglaube mit Zügen bestimmter psychotischer Krankheitsbilder, die in neuerer Zeit, im Zusammenhang mit der *New Age*-Bewegung, dem gewachsenen Interesse an Spiritismus und vor allem Okkultismus, viel Aufmerksamkeit fand. Offensichtlich handelt es sich um eine gemeinsame Erfahrungsgrundlage, die auf *verschiedenerlei Weise*, durch Kontemplation und Konzentration ganz ebenso wie durch rhythmische Bewegung, Rezitation, Musik und Tanz, den Genuß halluzinogener Drogen oder psychische Erkrankungen, zugänglich ist – gleichzeitig aber auch ihre Analogien *im Traumerleben* „Gesunder" findet. Alle diese unterschiedlichen, mal willentlichen, mal unwillentlichen Zugangs- oder „Einstiegsweisen" lösen, wie man das gemeinhin summarisch bezeichnet, *veränderte (oder „erweiterte") Bewußtseinszustände* (englisch *altered states of consciousness*) aus. Ob damit irgendwelche, der gewöhnlichen, sozusagen „grobsinnlichen" Wahrnehmung unzugängliche „Realität" erfahrbar wird, wie man verschiedentlich in der neueren Fachliteratur zum Schamanismus lesen kann, läßt sich mit ethnologischen Mitteln nicht entscheiden. Die Realitätsfrage stellt sich für die

Ethnologie nur insofern, als Menschen oder Gruppen, mit denen sie sich beschäftigt, *überzeugt* sind, daß ihre Gesichte und Vorstellungen realer Wirklichkeit entsprechen und so auch einen bestimmenden Einfluß auf ihre Lebensgestaltung besitzen.

# Nachspiel

Seit Einsetzen des Kolonialismus und dem begleitenden Bemühen, die „Wilden" nicht nur zu zivilisieren, sondern auch zum Christentum zu bekehren, war der Schamanismus immer wieder Verfolgungen ausgesetzt. Behörden wie Kirche begriffen, daß ihren Zielen vor allem die Schamanen, als die zentralen Träger des traditionellen Glaubens, im Wege standen. Sie wurden zu „Teufelsbündlern" und Ketzern erklärt und anfangs, in Sibirien zu Beginn des 17. Jahrhunderts, teilweise sogar wie Hexen auf dem Scheiterhaufen verbrannt. Später vernichtete man nurmehr ihre Kostüme und Requisiten, machte ihnen selbst den Prozeß und kerkerte sie, wie überführte Schwerverbrecher, ein oder verurteilte sie zur Zwangsarbeit. Allerdings stieß man damit schon bald auf gewisse Schwierigkeiten, da zunehmend auch russische „Sibirjaken" der Faszination des Schamanismus erlagen; ja Anfang des 18. Jahrhunderts begannen erstmals auch Russen selbst als Schamanen in Erscheinung zu treten.

Nach der Oktoberrevolution änderten sich zwar die Begründungen, kaum aber die Unnachgiebigkeit und Mittel der Verfolgung. Die Schamanen galten nunmehr mildestenfalls als Scharlatane und Betrüger, der generellen Sprachregelung nach jedoch als Vertreter der einheimischen „Bourgeoisie", die im Sold des „Sippenadels" und „Großbauerntums" (in Sibirien!) standen und insofern als doppelt gefährliche Reaktionäre zu betrachten waren, als sie sowohl – vorgeblich – die Feindschaft unter den einzelnen Gruppen ihrer Ethnien schürten als auch ihren Einfluß und das Instrumentarium religiöser Einschüchterung dazu nutzten, die Interessen ihrer Herren zu unterstützen und damit die bestehenden „Abhängigkeits- und Ausbeutungsverhältnisse" aufrechtzuerhalten. I. M. Suslov, der im Parteiauftrag eine Untersuchung dazu bei den zentralsibirischen Tungusen (Evenken) durchgeführt hatte, bezeichnete sie in seiner Kampfschrift „Der Schamanismus und der Kampf gegen ihn" (russisch *Šamanstvo i bor'ba s nim.* In:

Sovetskij Sever, 1931, 3–4, S. 89–152) als „soziales Übel" erster Ordnung und „Hemmschuh des sozialistischen Aufbaus"; dieser setze daher, um erfolgreich zu sein, seine Zerschlagung zwingend voraus (S. 127).

Dazu sah man als geeignetes Mittel vor allem die sogenannte atheistische Propaganda an. Sie hatte speziell in Sibirien zwei Ziele: die „Massen" von ihren religiösen Wahnvorstellungen zu befreien, die sie zu willfährigen Opfern der Ausbeuterklasse machten und ohnehin auf einem falschen Naturverständnis beruhten, sowie den Schamanismus zu „liquidieren" – worin Suslov einen speziellen „Frontabschnitt des Klassenkampfes im Norden" (S. 90) sah. Er – und gleichsinnig mit ihm viele andere Autoren – empfahl, alle verfügbaren Institutionen dafür einzusetzen: „Das Leningrader ‚Institut der Völker des Nordens', lokale technische Hochschulen und Lehrkurse müssen den Studierenden einen Spezialunterricht, spezielle Gesprächsangebote bieten sowie eigene Lehrräumlichkeiten für die antireligiöse und, dies besonders, die antischamanistische Arbeit zur Verfügung stellen, um die notwendigen Propagandisten-Kader für den Kampf gegen den Schamanismus auszubilden. Nicht ein Student darf diese Lehreinrichtungen verlassen, der nicht die erforderliche Stählung im Atheismus empfangen hätte." Es dürfe sich nicht lediglich um eine „areligiöse", sondern müsse sich um eine „antireligiöse und antischamanistische" Ausbildung handeln, die vor allem bei den Frauen und der Jugend anzusetzen habe; gerade in letzterer Hinsicht besitze „die Arbeit im Kampf gegen den Schamanismus eine riesige Bedeutung" (S. 148 ff.).

Vielfach fruchtete die „Propaganda". Etliche Schamanen gaben alsbald – im Sinne einer symbolisch-demonstrativen Geste – ihre Trommeln beim örtlichen Dorfsowjet ab. Andere, die noch schwankend (und unbehelligt!) blieben, suchten einen Kompromiß, der Art etwa, wie Nanj-Schamanen noch in den sechziger Jahren der Ethnologin Anna Vasil'evna Smoljak erklärten: „Wir *helfen* den Ärzten, so gut wir können; nur schreiben wir unsere Befunde nicht wie sie auf Papier auf." Wo sie sich freilich verstockt und unbelehrbar zeigten, inhaftierte man sie wieder und zog ihr Eigentum ein. Humaner, wenn auch bezeichnend genug, erschien da noch die – nach der Sowjetisierung Burjatiens in der dortigen Presse allerdings nur als Frage aufgeworfene – Alternative, Schamanen, nach entsprechender Umschulung, als *Schauspieler* einzusetzen. Und offensichtlich gelang es gleichzeitig doch vielen auch, wie sich heute herausstellt, im Untergrund zu überleben und weiterzuwirken – geschützt von den Ihren; anders wäre das gar nicht möglich gewesen.

Inzwischen besteht keine Gefahr mehr für sie. Die „Wende" und der weltweit florierende *New Age*-Okkultismus leiteten ihre volle Rehabilitierung ein. In Südamerika (und auch anderwärts) halten Schamanen vielbesuchte Lehrseminare ab, in Japan und Korea erfreuen sie sich wachsenden Zulaufs, in den Ländern der westlichen Welt haben Wahrsager, „Hexen", Geistheiler und „Stadtschamanen" Hochkonjunktur. Erst zögerlich, bald aber um so gewaltsamer überrollte die Welle schließlich auch Rußland und seine ehemaligen Teilrepubliken. Alte, vorrevolutionäre Traditionen spielen dabei mit eine Rolle. Treten Hellseher, Wunderheiler und Schamanen im Fernsehen auf, können sie auf höchste Einschaltquoten zählen. Die Ethnologen beginnen, die kulturelle Bedeutung des Schamanismus wiederzuentdecken und die besondere theatralische Kraft und Poesie der Séancen zu würdigen. Doch den Älteren macht die Lösung von ihrer eigenen Vergangenheit noch zu schaffen. Nicht ganz ohne Resignation stellt Vladimir Nikolaevič Basilov, Ressortleiter des Instituts für Ethnologie der Russischen Akademie der Wissenschaften in Moskau, fest: „Heutzutage haben wir allen Grund zu behaupten, daß das Schamanentum unter den neuen gesellschaftlich-politischen Bedingungen, durch die die gegen die Religion gerichtete offizielle Ideologie ihre Kraft verlor, in Mittelasien, Kasachstan und in anderen Regionen die Möglichkeit bekam, sein Leben zu verlängern" (W. N. Basilow: Das Schamanentum bei den Völkern Mittelasiens und Kasachstans. Berlin 1995, S. 333).

Oder zu neuem Leben wiederaufzuerstehen? Es handelt sich wohl nur um eine Scheinrenaissance. Die Schamanen kehren zurück – aber in eine andere als ihre ureigene Welt. Die Geister, die sie einstmals riefen, zogen sich in die Tiefen der Taiga zurück und verpuppten sich wieder. Die Aufgaben, für die sie bereit waren, den Schamanen zur Seite zu stehen, waren Teil der alten Kulturen, die untergegangen sind. Möglicherweise setzen den heutigen „Schamanen" andere Geister zu, die Besitz von ihnen ergreifen oder sich vielleicht auch von ihnen beherrschen lassen, aber offensichtlich nicht mehr die Kraft haben, sie von Grund auf zu *verwandeln*, was ihren Vorgängern einstmals die Fähigkeit verlieh, zwischen Menschen und Geistmächten zu vermitteln, wenn die Not das gebot, die Existenz auf dem Spiel stand. Die Schamanen, die heute ihre Stimme erheben, haben die Legitimation dazu nicht mehr und den Boden, der die Schamanen früher trug, unter den Füßen verloren. Sie stehen nicht mehr wie jene im Herzen ihrer Gemeinschaft, leiden und sterben nicht mehr für sie, sondern teilen ihre Klientel mit den „Stadtschamanen" und anderen selbstberufenen „Heilern", am Rand ihnen fremder Sozietäten.

# Auswahlliteratur

Clottes, Jean & David Lewis-Williams: Schamanen: Trance und Magie in der Höhlenkunst der Steinzeit. Stuttgart 1997.

Eliade, Mircea: Schamanismus und archaische Ekstasetechnik. Zürich & Stuttgart 1957.

Findeisen, Hans: Schamanentum, dargestellt am Beispiel der Besessenheitspriester nordeurasiatischer Völker. Stuttgart 1957. (Urban-Bücher, Bd. 28).

Haas, Jochen U.: Schamanentum und Psychiatrie. München 1976.

Halifax, Joan: Die andere Wirklichkeit der Schamanen: Erfahrungsberichte von Magiern, Medizinmännern und Visionären. Bern & München 1981.

Harner, Michael J. (ed.): Hallucinogens and shamanism. New York 1973.

Harva, Uno: Die religiösen Vorstellungen der altaischen Völker. Porvoo & Helsinki 1938. (FF Communications, Bd. 125).

Métraux, Alfred: Religion and shamanism. In Julian H. Steward (ed.): Handbook of South American Indians, Bd. V. New York 1963, S. 559–599.

Reichel-Dolmatoff, Gerardo: The shaman and the jaguar: a study of narcotic drugs among the Indians of Colombia. Philadelphia 1975.

Siikala, Anna-Leena: The rite technique of the Siberian shaman. Helsinki 1978. (FF Communications, Bd. 220).

# Personenregister

# Sachregister